Hágalo con Miedo

Hágalo con Miedo

ÁRMESE DE VALOR FRENTE AL TEMOR

JOYCE MEYER

NEW YORK NASHVILLE

FaithWords
Hachette Book Group
1290 Avenue of the Americas, New York, NY 10104
faithwords.com
twitter.com/faithwords

FaithWords es una división de Hachette Book Group, Inc. El nombre y logotipo de FaithWords es una marca registrada de Hachette Book Group, Inc.

La editorial no es responsable de los sitios web (o su contenido) que no son propiedad de la editorial.

El Hachette Speakers Bureau proporciona una amplia gama de autores para dar charlas. Si desea obtener más información, visite www.hachettespeakersbureau.com o llame al (866) 376-6591.

Traducción, edición y corrección en español por LM Editorial Services | lmeditorial. com | lydia@lmeditorial.com con la colaboración de Belmonte Traductores

ISBN: 978-1-5460-1737-0 (tapa blanda) /
E-ISBN: 978-1-5460-1738-7 (libro electrónico)

Primera edición en español: septiembre 2020

Impreso en los Estados Unidos de América

LSC-C

Printing 3, 2022

ÍNDICE

El miedo está por todas partes, y nos afecta a todos. Lleva por aquí desde el comienzo de los tiempos, y estará aquí mientras exista la tierra. El miedo controla a muchas personas, pero no tiene por qué ser así. Se dice que el miedo es una *falsa evidencia que parece real*, y esa es una definición precisa porque el miedo tiene su raíz en las mentiras que nos dice el diablo. Cuando las creemos, el miedo echa raíces en nuestros corazones y nuestras mentes.

Aunque el miedo nunca desaparecerá por completo de nuestra vida, podemos confrontarlo y vencerlo. Valentía no es la ausencia de miedo, sino avanzar en presencia del miedo. Las personas valientes hacen lo que creen en su corazón que deben hacer, a pesar de lo que sientan o qué tipo de dudas y pensamientos de temor llenen su mente.

Si dedicáramos tiempo a observar la cantidad de veces que nuestras reacciones a personas y circunstancias están arraigadas en el miedo, nos sorprenderíamos. También aprenderíamos mucho sobre nosotros mismos. Las personas pueden pasar toda su vida, y a menudo lo hacen, reaccionando a situaciones de formas que les impiden ser las personas que verdaderamente quieren ser, sin darse cuenta nunca de que sus vidas están vacías porque han permitido que el miedo dicte sus decisiones.

Si usted está en una habitación disfrutando de una conversación con unos amigos y de repente alguien se une al grupo, y de inmediato usted se siente intimidado, el culpable es el miedo.

Ese temor puede que sea irracional, porque quizá ni siquiera conoce a esa persona, y no habría razón para que provoque miedo en usted. Cuando algo así sucede, su reacción de temor puede que esté relacionada con un tipo específico de personalidad que le hace recordar a alguien que le hizo daño en alguna etapa de su vida. O quizá la persona que le intimida luce mejor o tiene mejor educación académica que usted, y eso le hace sentirse inseguro. O puede que no haya ninguna razón en absoluto para que sienta miedo, salvo que el diablo quiere atormentarle. Podría sentirse intimidado por numerosas razones, ninguna de las cuales está relacionada en modo alguno con la otra persona.

En tal circunstancia, el curso de acción más sabio es preguntar a Dios por qué reaccionó usted como lo hizo, y entonces estar atento y esperar que Dios hable a su corazón. La respuesta quizá llegue de forma inmediata, o quizá tarde un tiempo, pero si intenta entenderse a usted mismo encontrará la verdad, y la verdad le hará libre (Juan 8:32).

Permítame instarle a no dejar que el miedo le domine y simplemente tener que aguantarlo. Tampoco debería pasar su vida culpando a otros de su angustia. Asuma la responsabilidad por sus problemas y abra su corazón a Dios, y Él le ayudará a encontrar luz en la oscuridad (situaciones que usted no entiende). Si puede entender el miedo y cómo opera, puede ser libre de él.

La primera parte de este libro le ayudará a entender el miedo y a reconocer cómo obra en su vida. La segunda parte le ayudará a confrontar el miedo. En la tercera parte, aprenderá acerca de mentalidades que le posicionarán para ser libre de algunos de los temores más comunes que enfrenta la gente. Es mi oración que, al leer y estudiar este libro, usted experimente libertad del temor, que es algo que Jesús murió para darle.

Aunque el miedo es entendible bajo ciertas circunstancias como terremotos, huracanes, incendios, virus y otras situaciones, tener miedo no cambia las experiencias que usa el enemigo para hacernos temerosos. El miedo nunca hará que las circunstancias mejoren, sino que nos robará nuestra fortaleza para lidiar con ellas y nuestra capacidad para pensar con claridad en medio de ellas. El apóstol Juan escribió: "el temor lleva en sí castigo" (1 Juan 4:18, RVR1960), e incluso cuando sentir miedo es entendible, lo único que hace es atormentarnos.

El miedo es el instrumento favorito que el diablo toma de la caja de herramientas de esquemas y utiliza para robar, matar y destruir el buen plan de Dios para nosotros (Juan 10:10). Él lo usa para impedir nuestro progreso en cada área de nuestra vida. Lo usa para contenernos, para hacernos huir de las cosas que deberíamos confrontar, y simplemente para producirnos sufrimiento emocional. Las personas permiten que el miedo las controle en diversos grados, pero podemos decidir no dejar que nos controle lo más mínimo en ningún área porque "Dios no nos ha dado un espíritu de temor y timidez, sino de poder, amor y autodisciplina" (2 Timoteo 1:7, NTV).

PARTE 1

Entienda el miedo

Básicamente hay dos caminos por los que podemos caminar: fe o temor. Es imposible confiar en Dios y no confiar en Dios simultáneamente.

Charles Stanley

Escoja la Palabra de Dios en vez de la fortaleza del miedo

Durante los primeros años de mi infancia tuve un impedimento en el habla que hacía que me sintiera bastante insegura. Un día, mi maestra de tercer grado me hizo pasar al frente de la clase y después me ridiculizó delante de mis compañeros. Eso sucedió hace décadas atrás, pero Satanás aún usa ese recuerdo para desencadenar ataques de ansiedad en mi mente.

En un día cualquiera, *todo lo que haga se vuelve más difícil si estoy lidiando con la ansiedad*. Así que realmente aprecio las enseñanzas de Joyce en *Hágalo con miedo*.

Dos versículos de los que he aprendido a depender son Filipenses 4:6: "Por nada estéis afanosos, sino sean conocidas vuestras peticiones delante de Dios en toda oración y ruego, con acción de gracias" (RVR1960) y Filipenses 4:13: "Todo lo puedo en Cristo que me fortalece" (RVR1960).

Recientemente, mi jefe me pidió hablar con franqueza (delante de mis compañeros) sobre los desafíos que estamos enfrentando en medio de una gran remodelación de sistemas en la oficina. Para mí, hubiera sido más fácil excusarme amablemente y guardarme para mí mis pensamientos, pero sabía que Dios quería que lo hiciera. Es como si me estuviera diciendo: "Si eres abierta y sincera sobre tus frustraciones, entonces yo abriré puertas que conducirán hacia cambios positivos".

Pasé por ello. *Lo hice con miedo*. Y las respuestas que recibí fueron positivas. Pero más tarde esa misma noche, ¡estaba tan ansiosa que no me podía dormir! Los ataques del enemigo me llegaban por la derecha y por la izquierda: *¿Y qué pasará si mi aportación no fue del todo valiosa? ¿Qué sucederá si causo más problemas en el trabajo?* Lo que tuve que hacer fue ponerme de acuerdo con la Palabra de Dios y comenzar a declararla en voz alta para ahogar todo ese ruido negativo:

No estaré ansiosa, porque Dios oye mis oraciones (Filipenses 4:6).

Puedo hacer todo lo que tengo que hacer en Cristo que me fortalece (Filipenses 4:13).

Dios está de mi lado y no contra mí (Romanos 8:31).

Mayor es el que está en mí que el que está en el mundo (1 Juan 4:4).

La Palabra de Dios es vida para mí. Me hace seguir avanzando cuando, por dentro, tengo ganas de retirarme.

—LaVondria

CAPÍTULO 1

Es tiempo de tomar una decisión

Hoy pongo al cielo y a la tierra por testigos contra ti, de que te he dado a elegir entre la vida y la muerte, entre la bendición y la maldición. Elige, pues, la vida, para que vivan tú y tus descendientes.

Deuteronomio 30:19

Dios tiene un buen plan para nuestra vida, pero el diablo también tiene un plan, y *no* es bueno. El apóstol Juan explicó esto de modo sencillo diciendo: "El ladrón no viene más que a robar, matar y destruir; yo he venido para que tengan vida, y la tengan en abundancia" (Juan 10:10). El plan de Dios se recibe poniendo nuestra fe en lo que Él nos ha dicho en su Palabra, y el plan del diablo se recibe creyendo sus mentiras. El diablo es un mentiroso; es el padre de mentiras y la verdad no está en él (Juan 8:44).

Dios nos ha dado libre albedrío, lo que significa que podemos hacer lo que queramos hacer. Tenemos opciones, y cada decisión que tomamos produce un resultado. Dios dijo en Deuteronomio 30:19 que Él nos da dos opciones: vida o muerte, bendición o maldición. Después incluso nos dijo cuál escoger. Dijo que escojamos la vida, "para que vivan tú y tus descendientes". Aunque Él nos dijo cuál escoger, aun así requiere que tomemos la decisión. El buen plan de Dios para nuestra vida no sucederá de manera automática y tampoco sucederá el maligno plan del diablo. Debemos escoger el uno o el otro.

Quizá usted piense: *Seguro que nadie escogería intencionalmente el plan malvado del diablo para su vida.* Pero las personas escogen su plan por falta de conocimiento de él y de sus malos caminos. El profeta Oseas dijo que el pueblo de Dios perece por falta de conocimiento (Oseas 4:6). Mi propósito al escribir este libro es ayudarle a obtener conocimiento sobre el miedo, cómo obra el miedo en su vida, y cómo ser libre de él para que no resulte engañado.

Tomamos una gran decisión cuando decidimos recibir a Jesús como Salvador y Señor; después pasamos nuestra vida tomando decisiones diariamente que se alinean con la Palabra de Dios. Cuando estamos en una situación tensa en el trabajo, podemos decidir decir la verdad en lugar de mentir. Cuando un dependiente no nos cobra lo suficiente por alguna compra, depende de nosotros hacer lo correcto y hacerle saber que nos ha cobrado de menos en lugar de callarnos y considerarnos afortunados.

Si le pidiera que adivine quién le tienta a usted a mentir o a quedarse callado en una situación laboral, estoy segura de que usted sabría la respuesta. Del mismo modo, si le preguntara quién le sugirió que dijera la verdad y mostrara que no le cobraron bien, estoy segura de que usted también sabría la respuesta correcta a eso. Pero en ambos casos usted tendría que escoger qué hacer. Si toma las decisiones correctas según la voluntad de Dios, experimenta bendición; pero si decide hacer lo que sabe que está mal, enfrentará unas consecuencias que no le gustarán ni disfrutará.

Hacer las cosas buenas

El apóstol Pablo escribió:

> Pues somos la obra maestra de Dios. Él nos creó de nuevo en Cristo Jesús, a fin de que hagamos las cosas buenas que preparó para nosotros tiempo atrás.
>
> Efesios 2:10, NTV

Puede que leamos estos versículos y pensemos: *Todos escogerán hacer cosas buenas,* pero tristemente son más quienes no las escogen que quienes sí lo hacen. ¿Por qué? Porque el diablo les miente y les hace pensar que pueden tomar malas decisiones y seguir teniendo buenos resultados. Los convence de que ellos serán los afortunados que no experimentarán problemas a causa de sus malas decisiones.

La Biblia dice que nuestro pecado siempre nos encuentra y que el resultado del pecado es la muerte (Números 32:23; Romanos 6:23). Esta "muerte" no siempre es el cese de la vida. La mayoría de las veces es la pérdida de la paz, el gozo, y una vida que vale la pena vivir. Siempre nos podemos arrepentir de nuestro pecado, recibir el perdón completo de Dios y pasar a vivir la vida haciendo cosas buenas, pero hay veces en las que puede que aun así tengamos que sufrir las consecuencias de nuestras malas acciones. Quizá una persona comete un asesinato y Dios le perdona si se arrepiente de verdad. Su familia e incluso la familia de la persona que mató puede que le perdonen, pero aun así tendrá que ir a la cárcel. Es importante que entendamos que nuestras acciones tienen consecuencias.

Notemos también que Efesios 2:10 nos dice que Dios prepara una buena vida para nosotros, pero debemos caminar en ella. Tenemos que escoger los caminos de Dios. Él siempre nos atrae a su voluntad, y su gracia está siempre presente para capacitarnos a fin de que podamos hacer lo correcto, pero de nuevo quiero ser clara en cuanto a que Dios no nos forzará a hacer lo correcto. Somos colaboradores de Dios en nuestra vida. Nosotros *no podemos* hacer su parte, y Él *no hará* la nuestra. Él pone delante de nosotros la vida y la muerte, el bien y el mal. La decisión es nuestra.

Sea que caminemos en fe o en temor es una decisión que

> *Sea que caminemos en fe o en temor es una decisión que debemos tomar muchas veces a lo largo de nuestra vida.*

debemos tomar muchas veces a lo largo de nuestra vida. No creo que sería una exageración decir que puede que tengamos que tomar esa decisión diariamente.

Mi padre fue un hombre abusador que controlaba a su familia mediante el miedo. Era en verdad el diablo quien actuaba a través de él, pero él tomaba decisiones sobre cómo viviría, y tuvo que sufrir las consecuencias de esas decisiones en su vida. Aunque se arrepintió y recibió a Jesús a los ochenta y tres años de edad, vivió una vida miserable durante ochenta y tres años y murió cuando tenía ochenta y seis. Estoy contenta de saber que está en el cielo, pero lo que hizo tuvo un impacto duradero sobre muchas personas. Es bueno que recordemos que nuestras decisiones afectan a las personas que nos rodean, así como a nuestra propia vida.

Mi madre vivía gobernada por el miedo, y debido a su negativa a confrontar su temor, tanto mi hermano como yo sufrimos. Mi padre abusaba sexualmente de mí y mi madre sabía lo que él estaba haciendo, pero el miedo era tan fuerte en su vida que ignoró la verdad y finalmente tuvo problemas mentales como consecuencia de la culpa que tenía profundamente arraigada y la vergüenza que sentía.

Ya cuando tenía setenta y algo de años, mi madre se disculpó conmigo por lo que permitió que mi padre me hiciera. Me explicó que sencillamente no podía lidiar con el escándalo, y tenía miedo de no poder cuidar de mi hermano y de mí por sí sola. Como puede ver, sus decisiones estaban basadas en el miedo y todos nosotros sufrimos por ello, incluida ella misma.

Si usted está permitiendo que el temor dirija sus decisiones, se está perdiendo la buena vida que Dios ha planeado para usted, y hay muchas probabilidades de que su miedo esté afectando negativamente a otras personas en su vida. Es tiempo de tomar la decisión de dejar que Dios le ayude a ser libre del miedo.

Aunque tal vez haya estado dirigido por el miedo en el pasado, puede escoger hoy confrontar el miedo y convertirse en la persona valiente que Dios quiere que sea. No es demasiado tarde. Nunca es demasiado tarde para hacer lo correcto.

> *Nunca es demasiado tarde para hacer lo correcto.*

Escoja la fe

He oído que cuando el miedo llama a nuestra puerta, debemos enviar a la fe para que abra. Podemos vencer el miedo, pero solo con fe. Cuando el diablo nos dice: "Tú no puedes", deberíamos recordar que Dios nos dice: "Tú puedes". Aunque podamos sentir temor, podemos avanzar en fe.

Cuando Pedro vio a Jesús caminar sobre el agua y quiso hacer lo mismo, salió de la barca y comenzó a dar pasos. Mientras mantuvo sus ojos en Jesús, pudo caminar sobre el agua, pero cuando comenzó a mirar la tormenta y las violentas olas a su alrededor, comenzó a asustarse y también a hundirse. Jesús le tendió su mano y lo salvó, pero también lo reprendió amorosamente por su miedo, preguntándole por qué tuvo tan poca fe y dudó tanto (Mateo 14:25-31).

Dios nunca deja de amarnos y ni siquiera se enoja con nosotros porque escojamos temer, pero se entristece porque quiere que vivamos la mejor vida que podamos vivir. Él envió a Jesús para que pudiéramos tener vida y tenerla en abundancia (Juan 10:10).

Dios nos prepara para lo que ha planeado para nosotros

Cuando Dios me llamó a enseñar su Palabra, necesité mucho tiempo para estudiar. En esa época de mi vida, tenía esposo y

tres hijos, y ciertamente no podía dejar todas mis responsa-
bilidades para irme a estudiar a un instituto bíblico. También
tenía un empleo de jornada completa. Así que estudiaba todo
lo que podía, pero sencillamente no tenía tiempo suficiente
para estudiar todo lo que necesitaba. Estaba enseñando en un
pequeño grupo de estudio bíblico todos los martes por la noche
en nuestra casa, pero Dios tenía planes más grandes y yo necesitaba tiempo para prepararme para lo que Dios había planeado
para mí.

Sentía fuertemente que Dios quería que dejara mi empleo
para así poder tener más tiempo en casa para estudiar varias
horas al día, pero había un problema. Si dejaba mi empleo, no
tendríamos dinero suficiente para pagar nuestros gastos mensua-
les, y definitivamente no tendríamos dinero para emergencias ni
cosas extra.

Finalmente, intenté negociar con Dios: dejo mi empleo de jornada completa y busco otro de media jornada. Al poco tiempo,
me despidieron. Siempre había sido una buena empleada, sin
duda alguna no era de las que merecían un despido, pero al
director de la oficina no le caí bien desde el momento que acepté
el trabajo, e hiciera lo que hiciera, nunca estaba bien. Cuando
me despidieron, fue evidente para mí que Dios me decía que
"dejara" mi empleo y que no consiguiera uno de media jornada.

La obediencia parcial no es fe. Es un poco de fe mezclada
con mucho miedo y confianza en uno mismo, y no funciona. Yo
tenía temor de no tener dinero suficiente sin mi sueldo, así que,
aunque quería ser obediente a Dios, quería un plan de respaldo
por si no recibía el milagro que necesitábamos cada mes.

Este mismo escenario no es muy extraño, y muchas personas
intentan hacer lo que yo hice, solo que bajo diferentes circunstancias. En 1 Samuel 13 y 15 vemos dos ocasiones en las que
el rey Saúl intentó la obediencia parcial y terminó perdiendo
su reino debido a ello. Cada vez puso excusas que parecían

sensatas, pero Dios espera que le obedezcamos, no que le ofrezcamos excusas de por qué no le obedecimos.

Dios espera que le obedezcamos, no que le ofrezcamos excusas de por qué no le obedecimos.

Una vez la desobediencia de Saúl se debió al miedo (1 Samuel 13:1-14), y la otra fue resultado de la avaricia (1 Samuel 15:1-23). Tengamos mucho cuidado de no poner excusas por nuestra desobediencia. Una excusa quizá a nosotros nos resulte creíble, pero Dios no la aceptará.

Si envía a sus hijos adolescentes a la tienda a comprar leche y ellos regresan con jugo de naranja, le han desobedecido. Quizá le digan que el jugo de naranja es también para beber e incluso le den la excusa de que lo compraron porque estaba de oferta. Pero el punto es que no hicieron lo que usted les pidió hacer.

Cuando Dios nos está preparando para algo grande que quiere que hagamos, nos permite pasar por muchas pruebas de obediencia. Algunas nos pueden parecer insignificantes, pero son tan importantes como cualquier cosa que nosotros consideraríamos grande. Si no se puede confiar en nosotros en las cosas pequeñas, nunca nos pondrán a gobernar sobre cosas más grandes (Mateo 25:21, 23).

Tras perder mi empleo de media jornada, hice lo que Dios me pidió hacer y dejé de trabajar fuera de casa por completo. Tenía mucho miedo por nuestras finanzas, porque cada mes necesitábamos un milagro para pagar todos nuestros gastos y tener algo extra para lo que pudiera surgir. Cada mes nos faltaban unos cuarenta dólares para poder pagar todos los gastos, pero aprender a confiar en Dios en esa pequeña cantidad nos ayudó a prepararnos para confiar en Dios en las cantidades grandes que necesitamos ahora para sostener la obra que Él nos permite hacer por todo el mundo. Nunca olvidaré cuán maravilloso era ver a Dios proveernos cada mes. Lo hacía de diversas maneras y nunca nos dejó sin lo que necesitábamos.

Cuando dejé mi empleo tomé la decisión correcta, pero si hubiera tomado una mala decisión, mi vida sería muy distinta a como es ahora. ¿Qué tipo de decisiones está tomando usted en su vida en este momento? ¿Son decisiones de obedecer a Dios, de escoger la vida y la bendición? ¿Son decisiones con las que estará contento con el paso del tiempo? Oro para que esté tomando las decisiones correctas y para que, si no lo ha hecho en el pasado, hoy sea un nuevo comienzo para usted. Escoja la fe, no el miedo. Nunca es demasiado tarde para un nuevo comienzo con Dios.

Cuando tenga miedo, haga eso que le da miedo y pronto dejará de tenerle miedo.

Norman Vincent Peale

Hacerlo con miedo a los sesenta años

Nunca en mis casi sesenta años pensé jamás que aprendería a nadar. Realmente no pensaba que ya importara. Cuando era joven quizá, pero ya no era una niña. No planeaba cruzar nadando el Canal de la Mancha o competir en las Olimpiadas; por lo tanto, ¿para qué querría aprender a nadar? ¿Y por qué tenía la molesta sensación de que tenía que aprender?

Ahora bien, sé que nadar no es un problema para muchas personas. Es un ejercicio estupendo. Es tonificante, dicen, y es divertido; pero para mí, ¡era aterrador! Y en aquel momento pensaba que siempre lo sería. El agua era mi fobia.

Cuando pienso en cómo empezó mi temor al agua, recuerdo de inmediato el trágico ahogamiento de mi amiga de la infancia. Aún puedo oír el grito de su mamá entrando por nuestras ventanas abiertas aquella noche de verano. Incluso ahora, mi corazón se apena al pensar cómo el agua apartó a mi amiga de mí. Unos años después, la compañera de clase de mi hermana se ahogó durante una clase de natación en la escuela. Nunca olvidaré la expresión en el rostro descompuesto de su entrenadora en el velatorio. Indescriptible. Solo pude concluir que el agua era mala y, aparte de para bañarme, nunca habría una razón para que yo me metiera en ella.

Pero lentamente comencé a darme cuenta de que Dios estaba hablando. Era el momento de confrontar algo más que solo mi miedo a nadar: ¡hacerle frente al miedo! Instintivamente sabía que este asunto era mayor de lo que yo pensaba. El miedo había reprimido demasiadas cosas en mi vida. Un día compartí lo que había en mi corazón con algunas compañeras de trabajo, y entonces supe que tenía que hacerlo. Así que fui a YMCA y me anoté en la clase de natación para principiantes.

Fue tal y como sospechaba. Dios estaba planeando algo para mi vida. A medida que progresaba tímidamente con cada lección, y lo hacía con miedo, experimentaba su presencia y paz de una forma profunda. Mientras aprendía a nadar, también aprendía a confiar en un nivel completamente nuevo.

Nadar es un logro de por vida para mí, literalmente. No solo es un ejercicio estupendo, sino que realmente es tonificante, y por encima de todo, es divertido. Pero el logro más excepcional para mí ha sido aprender a confiar en Dios en un nivel más personal, en lo más hondo, por así decirlo. No tengo miedo de lo que está por delante, porque venga lo que venga, sé que Él me guiará en medio de ello. A fin de cuentas, Dios me hizo libre del miedo y me ayudó a aprender a nadar. Nunca es demasiado tarde para hacerlo con miedo.

—Carolyn

CAPÍTULO 2

Hágalo con miedo

Ya te lo he ordenado: ¡Sé fuerte y valiente! ¡No tengas miedo ni te desanimes! Porque el Señor tu Dios te acompañará dondequiera que vayas.

Josué 1:9

Dios tenía un gran trabajo para Josué, y antes de enviarle a hacerlo le dijo que no tuviera miedo. Tenemos que entender el significado de la palabra *miedo* para comprender bien lo que Dios le está diciendo a Josué.

Con el paso de los años, he estudiado mucho sobre el miedo y he hecho algunas observaciones interesantes sobre lo que significa. Una de las descripciones más poderosas de miedo que he encontrado es "salir deprisa" o "huir". También podemos describir el miedo como una emoción desagradable causada por la creencia (pensamiento) de un daño o dolor. Una definición plena de miedo conlleva más que estas ideas, pero quiero que nos enfoquemos en el hecho de que tener miedo es huir de algo debido a una emoción o sentimiento desagradable de que podríamos sufrir o ser lastimados.

Si vemos el miedo como huir de algo, creo que podemos ver que Dios no le estaba diciendo a Josué que no *sintiera* miedo. Más bien le estaba advirtiendo que sentiría miedo, y que cuando eso sucediera no debía huir, porque Él (Dios) estaría con él.

Al igual que muchas personas, yo pasé años intentando

deshacerme del sentimiento de miedo. Nunca lo vi como lo que
era: un sentimiento o una emoción basada en un modo erróneo
de pensar. Cuando miraba mis problemas o posibles problemas,
los veía sin ver a Dios.

A lo largo de las Escrituras, Dios dijo de varias maneras diferentes: "No temas, porque yo estoy contigo". Se lo dijo a Josué y a
muchos otros (Deuteronomio 31:6; Isaías 41:10; Isaías 43:1; Marcos 6:50; Apocalipsis 1:17). De hecho, la única razón que encuentro en la Palabra de Dios para que no temamos es simplemente
que Dios está con nosotros. Al margen de lo que esté sucediendo
en nuestra vida, Dios es mayor, y Él está con nosotros. Puede
que no sepamos qué hará para ayudarnos o cuándo lo hará,
pero saber que Él está con nosotros debería bastarnos. Él está
por nosotros, no contra nosotros, y si Dios es por nosotros, no
importa quién esté contra nosotros (Romanos 8:31) porque Dios
es mayor que cualquier persona o cualquier cosa (1 Juan 4:4).

Yo pensaba erróneamente que, mientras sintiera miedo, no
podía hacer lo que quería hacer
o sentía que debía hacer. Estaba
malgastando mi vida esperando
a que el miedo desapareciera.
Oraba diligentemente para que
Dios me quitara el miedo, pero mi

> Estaba malgastando mi vida
> esperando a que el miedo
> desapareciera.

oración nunca recibía respuesta porque estaba orando por algo
erróneo. Debería haber orado para que Dios me diera el valor para
avanzar en presencia del miedo y no permitir que me detuviera.

Entender que podemos sentir miedo y, a pesar de ello, seguir
avanzando, ha sido transformador para mí y para muchas otras
personas. Llegó mediante una historia que leí sobre una mujer
que había estado encarcelada por el miedo la mayor parte de
su vida. No conducía ni salía cuando estaba oscuro, y vivía
una vida aislada y solitaria. Básicamente, no hacía nada de lo
que quería hacer porque tenía miedo. Mientras le contaba sus

calamidades a una amiga cristiana, la amiga le miró y simplemente dijo: "¿Por qué no lo haces con miedo?".

Cuando leí eso, sentí como si hubiera estado viviendo en
la oscuridad durante años y de repente las luces se hubieran
encendido. ¡Lo vi! No tenía que esperar a que el sentimiento
de miedo desapareciera, porque probablemente eso nunca sucedería, pero podía hacer lo que quería hacer, o lo que sentía que
Dios quería que hiciera, aunque lo hiciera sintiendo miedo.

El miedo no tiene un poder real sobre nosotros si entendemos lo que es en verdad. No tiene poder para hacernos daño
porque solo nos muestra imágenes y nos hace pensar en las
cosas dañinas que podrían sucedernos si seguimos adelante.

Sé de una mujer que tenía miedo a volar en avión. Su esposo
viajaba mucho por su trabajo, y sus hijos eran adultos y vivían
lejos de casa, así que él quería que ella lo acompañara. Ella quería ir, pero pensaba que no podía hacerlo porque tenía miedo.
Tras muchos años de quedarse en casa sola mientras él viajaba
por el mundo, decidió hacerlo con miedo. Las primeras veces
fue muy difícil; ella decía que se sentía temblorosa y con la sensación de no poder respirar. Pero estaba decidida. Ahora vuela a
menudo y no tiene ningún problema.

Verá, mientras Satanás pueda detenerle con el miedo, lo hará;
pero si lo confronta, finalmente los sentimientos de miedo se
irán, al menos se irán en esa
área en la que los confronta.
Tendrá que confrontar nuevas
áreas de miedo según aparezcan
a lo largo de su vida, pero nunca
olvide que la única manera
de vivir libre del miedo es confrontándolo, o "haciéndolo con
miedo".

> La única manera de vivir libre
> del miedo es confrontándolo,
> o "haciéndolo con miedo".

No le estoy sugiriendo que haga cosas necias simplemente
para demostrar que no tiene miedo. Yo no soy una buena

nadadora, así que no voy a saltar de un acantilado a una masa de agua de quince metros de profundidad. Algunos miedos están basados en hechos reales, y esos miedos realmente pueden protegernos del peligro. Sabemos que el fuego quema, así que no metemos las manos en las llamas. No vamos caminando por el medio de la autopista cuando hay tráfico en ambas direcciones. No estoy hablando de este tipo de situaciones, sino digo que todo lo que Dios le pida hacer puede hacerlo, aunque tenga que hacerlo con miedo, sabiendo que Él está siempre con usted. Incluso las cosas que usted sencillamente quiere hacer, mientras estén dentro de los parámetros de la voluntad de Dios que hallamos en su Palabra, debería ser capaz de hacerlas sin dejar que el miedo le detenga.

Miedos pequeños y miedos grandes

A veces, lo único que se necesita para ser valiente es sencillamente seguir intentándolo día a día. Valentía es no abandonar por mucho que se tarde en conseguir la victoria. No puedo prometerle que si confronta el miedo se irá en un día, o incluso en mil días, porque siempre aparece en algún otro lugar, pero recuerde que la libertad del miedo no significa la ausencia de su existencia, sino la negación a dejar que controle sus decisiones y acciones.

El miedo no siempre aparece solamente en los grandes eventos de la vida. Está al acecho en algún lugar todo el tiempo, esperando una oportunidad para saltar al barco de su vida, incluso si tan solo provoca un difuso sentimiento de temor o duda. Quizá desea tener un bebé, pero le da miedo no ser un buen papá o mamá, así que sigue posponiéndolo. Tal vez desea cambiarse el color de su cabello, pero le da miedo que no le guste, así que se conforma con seguir con el cabello como lo tiene. Ya sea que el miedo que experimenta tenga que ver con algo que usted consideraría grande o con algo pequeño, deberíamos resistir todos los temores. Mientras más le permita que ande dando vueltas por su vida, más cómodo se sentirá y, tristemente, más cómodo se sentirá usted con él. A veces nos acostumbramos tanto a algo que se nos olvida que esas cosas no deberían ser así. No deje que el miedo se quede tanto tiempo que comience a parecerle normal o aceptable en su vida.

No tenemos que vivir en temor

Yo crecí en un ambiente de miedo absoluto, así que para mí el miedo era un estado normal en el cual vivir. Ni siquiera sabía que había otra forma de vivir hasta que Dios comenzó a enseñarme cómo vivir la buena vida que Él había preparado para mí. Vivía con un ligero sentimiento de temor la mayor parte del tiempo. No estaba vinculado a nada en particular; simplemente estaba ahí, y yo no podía recordar ninguna época en la que no estuviera.

Un día, cuando me estaba maquillando, me di cuenta de una sensación amenazante a mi alrededor. Le pregunté al Señor: "¿Qué es esta sensación que tengo a mi alrededor todo el tiempo?". Y podría decir que, para mi asombro, Él me respondió. De inmediato en mi espíritu oí las palabras "presentimientos malignos".

Un mal presentimiento es una sensación de temor o amenaza de que algo malo va a ocurrir en cualquier momento. La Biblia dice: "Para el abatido, cada día acarrea dificultades" (Proverbios 15:15, NTV).

Cuando Dios habló a mi corazón, supe cuál era mi problema y por qué esos presentimientos malignos tenían acceso a mí. Toda mi vida había consistido en que me sucediera una cosa mala tras otra. Mi padre abusó de mí, mi madre me abandonó, no me dejaron tener amigos ni participar en ninguna actividad

después de la escuela, y otras situaciones injustas y decepcio-
nantes. Me acostumbré tanto a la decepción que, de hecho, me
daba miedo esperar que me sucediera algo bueno, así que en su
lugar esperaba pacientemente recibir la siguiente circunstancia
dolorosa o decepcionante que fuera.

Cuando nacemos de nuevo, la Biblia dice que nacemos a una
esperanza viva (1 Pedro 1:3). Al margen de lo mala que pueda
ser nuestra situación, en Jesús hay siempre esperanza para un
cambio positivo. Él quiere que esperemos cosas buenas, no
malas. ¡No tenemos que vivir en temor!

No lo tolere

Con demasiada frecuencia nos acostumbramos a algo y sencillamente lo toleramos cuando deberíamos confrontarlo y
superarlo. Si ha permitido que alguien lo maltrate, manipule
o controle, no se acobarde bajo esa conducta ni la tolere, sino
confronte a la persona que le intimida.

Esa persona probablemente se enojará, pero mientras permita que continúe su mala conducta, peor se volverá. Usted
dice: "Tengo miedo", y yo digo: "Hágalo con miedo" porque
Dios está con usted. Ore y pídale a Dios que le ayude y le guíe
antes de pasar a la acción y después, cuando sienta que es el
momento correcto, vaya con Dios y acabe con ello.

¿Qué le parece peor: confrontar sus miedos o tolerarlos
durante toda su vida? El miedo,
como la mayoría de los abu-
sones, se apartará cuando sea
confrontado.

> El miedo, como la mayoría
> de los abusones, se apartará
> cuando sea confrontado.

Durante muchos años yo toleré
un molesto dolor en mi espalda,
y finalmente llegó un día en el que apenas podía caminar para ir
a buscar la ayuda que necesitaba. El miedo puede ser igual. Lo

toleramos como una pequeña y molesta irritación hasta que un día nos damos cuenta de que hemos malgastado gran parte de nuestro tiempo y no hemos disfrutado mucho de nuestra vida.

Esa fue la historia de mi mamá. Ella cedió al miedo cuando tenía unos veinte años y se perdió de tener una buena vida. Murió a los noventa años, y dudo que jamás haya tenido un día completo en el que no lamentara las decisiones que había tomado. Vivió en un mundo diminuto que consistía principalmente en intentar mantener feliz a mi padre, porque la ira de él no era algo fácil con lo que tener que lidiar. Él murió antes que ella, así que tuvo unos pocos años de paz antes de que se terminara su tiempo en la tierra, y me alegro de que así fuera. Apenas salía de su cuarto en la residencia asistida donde pasó sus últimos años, y decía que se quedaba ahí porque le gustaba la paz y la tranquilidad. Eso era algo que nunca tuvo, pero estuvo ahí para ella todo el tiempo si tan solo hubiera tomado la decisión de no tolerar más el abuso.

La ayuda está disponible, pero debemos escoger recibirla. Efesios 6 habla sobre la guerra espiritual. Nos enseña que levantemos el escudo de la fe y que apaguemos con él todos los dardos de fuego del maligno (Efesios 6:16). El miedo es un dardo de fuego que viene directamente del enemigo. El hecho de que *sintamos* miedo no significa que tengamos que *vivir* en temor, permitiendo que dicte lo que haremos y no haremos. Podemos escoger hacer frente al miedo con la fe. Podemos sentir el miedo, ¡y aun así hacerlo con miedo!

Usted puede vencer casi cualquier miedo si se propone en su mente hacerlo. Porque recuerde que el miedo no existe en ningún otro lugar salvo en la mente.

Dale Carnegie

Derrotar el miedo enfocándonos en los pensamientos correctos

Sostengo la teoría de que los miedos tienen alas. Verá, yo tengo miedo a las aves, un miedo puramente irracional e injustificado a sus picos puntiagudos y sus afiladas garras.

Mi padre también tiene este miedo, pero el suyo está basado en una experiencia personal de la vida real. Cuando era muy joven, un gallo lo atacó y, de hecho, pasó tiempo en el hospital a causa de las heridas. Al crecer, llevó consigo el miedo de que las aves son peligrosas. Las veía como seres en los que no se podía confiar y que había que evitar siempre que fuera posible.

Cuando nací, como hacen los buenos padres, él me protegía. Mantenía a las aves lejos de mí y a mí lejos de las aves. A fin de cuentas, solo hay que fijarse en esos ojitos brillantes.

Mi padre es un hombre valiente y maravilloso que me enseñó a no tenerle miedo a casi nada. Nunca transmitió el miedo a propósito, pero los miedos tienen alas. Sin darnos cuenta, nuestras experiencias y acciones enseñan a nuestros hijos, y los temores vuelan de una persona a otra. Así que las aves y yo no éramos amigos.

Yo viajo mucho y por fortuna no me molestan los miedos más habituales, como arañas o serpientes, pero pongamos un ave en la mezcla y la historia es un tanto distinta. Irracional, sí, pero he aprendido a manejar esos sentimientos iniciales con la ayuda de Dios y enfocándome en los pensamientos correctos en vez de hacerlo en los incorrectos. Sé que la probabilidad de que un ave me haga daño no es muy alta, y aunque siguen sin gustarme las criaturas aladas, no me influencian mucho porque he decidido que no dejaré que el miedo me controle.

También me he propuesto a no dejar que mi miedo vuele y aterrice en mis hijos. Ellos y las aves se llevan bien, a pesar del hecho de que prefiero no entrar a la pajarera del zoo con ellos. En verdad no tengo miedo, pero tampoco tengo que estar a fuerzas con las aves solo por pura diversión.

—Ginger

CAPÍTULO 3

No temeré

El Señor está conmigo, y no tengo miedo.

Salmos 118:6

Cuando el salmista David escribió: "no tengo miedo", no creo que se refería a que no *sentía* miedo. Creo que estaba declarando que cuando sintiera miedo, no dejaría que el miedo lo controlara. Cada uno de nosotros debería tener esa misma actitud. De hecho, es la única actitud aceptable para cualquier cristiano. El temor no viene de Dios, y deberíamos resistirlo firmemente en el poder del Espíritu Santo. Resistirlo significa decidir no dejar que afecte nuestras decisiones.

"Estaré con ustedes siempre" es una promesa de Dios (Mateo 28:20). De hecho, es una de las promesas más importantes en la Palabra de Dios. Él promete perdonarnos cuando pecamos, y eso es maravilloso, pero igualmente maravillosa es su promesa de estar con nosotros. No hay un lugar en el que usted haya estado alguna vez y donde Dios no haya estado, y ningún lugar en el que pueda estar jamás en el que Dios no vaya a estar allí igualmente. Él es omnipresente, lo cual significa que está en todo lugar a la vez. Él lo ve todo, lo sabe todo, y tiene todo el poder. La noticia realmente buena es que Él es nuestro Padre, y nosotros somos sus hijos. Dios quiere que creamos que no tenemos que tener miedo de nada porque Él está con nosotros. Él es bueno, y cuidará de nosotros como hijos suyos que somos.

Le sugiero que pase más tiempo pidiéndole a Dios que le acerque más a Él y le revele su presencia en lugar de estar pidiéndole que arregle sus problemas.

Dios quiere ayudarnos en nuestros problemas, pero incluso más que eso quiere que nosotros lo queramos a Él. Lo digo de esta forma: "Busquemos la presencia de Dios, no sus regalos".

> *"Busquemos la presencia de Dios, no sus regalos".*

La misma promesa de la presencia de Dios que tuvo David se le hizo también a Noé (Génesis 6:18), Abraham y Sara (Génesis 17:7, 19; Romanos 4:17), Jacob (Génesis 28:15), José y María (Mateo 1:23) y Pablo (Hechos 18:10). Estos siervos de Dios no tenían necesidad de tener miedo, porque Él había prometido estar con ellos dondequiera que fueran. Esa promesa los mantenía fuertes en los tiempos oscuros y dolorosos. David dijo: "Aun si voy por valles tenebrosos, no temo peligro alguno porque tú estás a mi lado" (Salmos 23:4).

La promesa de la presencia de Dios, la cual Él les hizo a personas en tiempos bíblicos, es también una promesa para usted. Dios nunca promete que no soportaremos dificultades, pero sí promete estar con nosotros en medio de ellas. Jesús es llamado Emanuel, que significa "Dios con nosotros" (Mateo 1:23). Por eso sabemos que finalmente nuestros problemas terminarán y saldremos más fortalecidos de lo que estábamos antes de pasar por ellos.

Podemos aprender a percibir la presencia de Dios sin realmente sentirlo físicamente. El diablo puede aprovecharse de nuestras emociones y engañarnos si dependemos demasiado de la forma en que sentimos o no sentimos. Dios quiere que creamos como niños pequeños, que parecen tener una percepción espiritual que algunos adultos no tienen. Esto se debe a que ellos están dispuestos a creer lo que parece imposible.

Escuché sobre una niña a quien preguntaron cómo sabía ella

que Jesús vivía en su corazón. Ella respondió: "Porque cuando pongo la mano en mi corazón puedo sentirlo a Él caminando ahí adentro". El latido de nuestro corazón es una prueba de la presencia de Dios.

Uno de los aspectos más emocionantes de mi relación con Dios es cuando reconozco su presencia. A menudo sucede en las cosas pequeñas, pero hay cosas que significan mucho para mí. Cuando mis hijos me llaman regularmente para decirme que me aman, sé que es Dios amándome a través de ellos. Cuando mi esposo me abraza cada mañana y dice: "¿Cómo está mi preciosa?", sé que es Dios dándome un abrazo. Cuando estoy en un restaurante y el encargado se acerca y me lleva a mi mesa favorita, sé que es un "guiño" de Dios. A menudo estamos tan enfocados en ver algún milagro enorme en nuestra vida que nos perdemos los cientos de pequeños milagros que suceden a nuestro alrededor todo el tiempo.

> Desarrolle el hábito de buscar a Dios en todo lugar, y podría sorprenderse de los lugares donde Él aparece.

Desarrolle el hábito de buscar a Dios en todo lugar, y podría sorprenderse de los lugares donde Él aparece. Tenga la mentalidad de "Dios está conmigo". Dios dice que, si lo busca, lo encontrará (Jeremías 29:13).

Jacob era un sinuoso timador que le robó la primogenitura a su hermano Esaú por medio de mentiras y engaños (Génesis 27:1-40). Después pasó los veinte años siguientes huyendo y escondiéndose de Esaú por miedo a que lo matara. Jacob ciertamente no era un gigante espiritual con una moral impecable, pero aun así Dios le dio un sueño en el que veía una escalera que iba desde la tierra hasta el cielo. En esa escalera, los ángeles de Dios subían y bajaban (Génesis 28:10-22). Uno podría pensar al principio que la escalera era para que Jacob intentara subir hasta Dios, pero en verdad era para que Dios descendiera hasta él. Dios nos encuentra donde estamos, y Jacob estaba en una gran necesidad de ayuda.

Cuando Jacob se despertó, se dio cuenta de que el sueño era de Dios y dijo: "En realidad, el Señor está en este lugar, y yo no me había dado cuenta" (Génesis 28:16). Un lugar ordinario, en medio de la nada, se convirtió en un lugar especial donde estaba Dios. Una de nuestras grandes tragedias en la vida es que Dios está con nosotros y, con frecuencia, no nos damos cuenta de ello. Nuestra fe se remontaría a nuevas alturas si aprendiéramos a reconocer la presencia de Dios en los aspectos comunes de la vida cotidiana.

> *Una de nuestras grandes tragedias en la vida es que Dios está con nosotros y, con frecuencia, no nos damos cuenta de ello.*

No tiene que ir a una iglesia con vidrieras de colores y un altar con una cruz para encontrar a Dios, porque Él está con usted ahora mismo. Él está con usted mientras está en el supermercado, conduciendo en el tráfico, pagando sus facturas, sentado en su escritorio, o jugando a la pelota con sus hijos. Dios no quiere que solamente lo visitemos durante una hora el domingo por la mañana. Cuando entendamos que Dios está con nosotros, entonces y solo entonces seremos libres del miedo. Seguirá acechando a nuestro alrededor intentando encontrar la entrada a nuestra vida, seguiremos oyendo el miedo en nuestros pensamientos y lo sentiremos en nuestras emociones, pero lo "haremos con miedo" porque estamos seguros de que Él está con nosotros.

Distracciones

El temor consigue entrar cuando olvidamos que Dios está con nosotros y comenzamos a esforzarnos y a luchar por hacer las cosas en nuestra fortaleza humana. Recuerde que Dios dijo una y otra vez a muchos de sus siervos: "No temas porque yo estoy contigo". El miedo puede ser muy sutil, como a menudo es el caso. Puede aparecer en forma de preocupación, terror o incluso celos.

Permítame explicarme. Supongamos que una mujer de mediana edad nunca se ha casado y su profundo deseo es conocer al hombre indicado y ser su esposa. Mientras ella espera, muchas de sus amigas se casan. Ella asiste a sus bodas y finge estar feliz por ellas, pero en lo secreto está celosa y siente envidia. Creo que su temor a no casarse nunca es la raíz de sus celos. No estamos celosos de lo que otros tienen si nosotros tenemos lo mismo. El temor llega cuando tememos ser dejados atrás o tener que quedarnos sin lo que queremos.

De hecho, el miedo a no conseguir lo que queremos es la causa de muchos de nuestros problemas. Provoca preocupación, ansiedad, y el desarrollo de innumerables planes que nunca funcionan. Proverbios 16:9 dice que nuestras mentes pueden planear nuestro camino, pero Dios es quien dirige nuestros pasos. No es de extrañar que tantos de *nuestros* planes no funcionen como deseamos. Los pensamientos y los caminos de Dios son más altos que los nuestros (Isaías 55:8-9). Él nos ama, así que cuando intentamos forzar un plan que Él sabe que no será bueno para nosotros, interfiere amorosamente y bloquea su éxito porque tiene algo mucho mejor en su plan.

Jesús dijo que cuando la semilla de la Palabra de Dios se siembra en nuestro corazón, las distracciones y los afanes de este mundo vienen y roban esa semilla (Marcos 4:14-19). Satanás tiene temor a que crezcamos espiritualmente si permanecemos enfocados y dejamos que la Palabra se arraigue en nuestro corazón, así que encuentra innumerables maneras de distraernos de Jesús y su Palabra. Tan solo piense en ello un minuto. ¿Qué tipo de cosas inútiles roban su tiempo con el Señor y le distraen de la presencia de Dios? ¿Con qué frecuencia se encuentra usted orando y surge una distracción o interrupción y le desvía de su propósito? Aprender a mantener el enfoque es posiblemente uno de los mayores desafíos de la vida, especialmente en nuestra cultura, donde la multitarea, estar ocupado y trabajar duro se aplaude y se celebra.

Veamos la historia de María y Marta como un ejemplo de lo que Jesús dijo sobre las distracciones. Marta invitó a Jesús a acudir a su casa, y estoy segura de que estaba deseosa de oír lo que Él tenía que decir, pero se distrajo con todos los preparativos para recibirlo. Suena a que estaba cocinando, limpiando y asegurándose de que todo estuvieran en su lugar durante su visita, pero su hermana María simplemente se sentó a los pies de Jesús. Eso fue asombroso. En aquel tiempo, cuando alguien se sentaba a los pies de un rabino significaba que la persona deseaba ser su discípulo. Ningún otro rabino en la historia había tenido jamás como discípulo a una mujer, pero Jesús lo hizo.

Finalmente, Marta estaba tan frustrada, porque ella sola hacía todo el trabajo mientras María estaba sentada y escuchando a Jesús, que se quejó con Jesús sobre la situación. Jesús le respondió que estaba afanada y preocupada con muchas cosas, pero María había escogido lo más importante (Lucas 10:38-42).

¿Quiso decir Jesús que Marta no debía trabajar? No, su conclusión era que podía estar con Jesús mientras trabajaba, o incluso mejor, que podía retrasar el trabajo un rato y aprovecharse de algo más importante en ese momento que limpiar y cocinar. Marta había invitado a Jesús a su casa, pero se estaba perdiendo su presencia debido a la preocupación. Sus intenciones eran buenas, pero se distrajo, como nos sucede a muchos de nosotros.

Esta historia no nos está enseñando a no *trabajar*; nos está enseñando a no *preocuparnos* y no permitir que las distracciones de la vida cotidiana nos impidan buscar la presencia

> Podemos trabajar con Jesús en lugar de dejar que el trabajo nos aleje de Él.

de Dios. Podemos trabajar con Jesús en lugar de dejar que el trabajo nos aleje de Él. Quizá no podamos tenerlo a Él en nuestra mente cada momento del día, pero podemos detenernos ocasionalmente para simplemente reconocer que Él está con nosotros y quizá decir: "Gracias Señor, porque nunca me dejas".

Podemos recordar detenernos y darle gracias a Dios por todas las oraciones que ha respondido y las cosas maravillosas que ha hecho por nosotros. Dave y yo con nuestra hija fuimos a ver a un imitador de Elvis Presley (sí, me gusta Elvis), y el asiento de nuestra hija no estaba a nuestro lado. Ella y yo oramos y le pedimos al Señor que se quedara un asiento libre para que pudiera sentarse con nosotros. El personal de la taquilla ya me había dicho que el teatro estaba lleno, así que estaba orando para que sucediera lo imposible. Resultó que cuatro asientos junto a nuestra hija estaban libres, y pudimos sentarnos juntos. ¿Coincidencia? ¡No lo creo!

Esa noche le pregunté a mi hija si se había dado cuenta de que Dios había respondido nuestra oración, y ella dijo: "Es cierto, habíamos orado por unos asientos vacíos". Muchas veces somos como esos nueve leprosos que fueron sanados, pero no regresaron a Jesús para darle las gracias (Lucas 17:11-19). Nos emocionamos por lo que Dios ha hecho por nosotros, pero Satanás quiere distraernos para que no nos acordemos de decir: "Padre, gracias por responder a mi oración".

Una buena manera de ser más conscientes de la presencia de Dios es dedicar cinco minutos al día y repasar mentalmente todas las actividades del día anterior y ver si podemos encontrar lugares en los que Dios definitivamente intervino, pero estábamos tan ocupados que no nos dimos cuenta. Esta mañana mientras hacía eso, recordé de nuevo la situación en el teatro y me maravillé de la bondad de Dios al ocuparse de algo tan trivial como nuestros asientos en el teatro.

Dios quiere involucrarse en toda nuestra vida y en todo lo que hacemos. Eso es lo que significa caminar con Dios. Él no quiere solo una visita corta los domingos por la mañana cuando vamos a la iglesia; Él quiere vivir la vida con nosotros. Quiere que permanezcamos en Él, lo cual significa vivir, morar y habitar en Él y con Él en todo momento. Sin Él no podemos hacer nada.

> *Dios no quiere solo una visita corta los domingos por la mañana cuando vamos a la iglesia; Él quiere vivir la vida con nosotros.*

Yo soy la vid y ustedes son las ramas. El que permanece en mí, como yo en él, dará mucho fruto; separados de mí no pueden ustedes hacer nada

Juan 15:5

Dios nunca está más lejos que a distancia de un pensamiento. Piense en Él y hable con Él durante el día. Reconocer su presencia le dará valentía y confianza en lugar de temor.

El miedo derrota a más personas que cualquier otra cosa en el mundo.

Ralph Waldo Emerson

¡Declare fe en lugar de temor!

Aún recuerdo en detalle un momento en la consulta del médico cuando tenía ocho años. Mi hermana pequeña se sentaba en la camilla mientras yo esperaba sin moverme en una silla de madera cercana.

Estaba allí para que le pusieran una vacuna, y mientras la enfermera entraba a toda velocidad en la sala y tomaba la aguja, bromeaba: "¿Crees que deberíamos ponerle esto a tu hermana?". "¡Sí!", bromeó mi hermana como contestación. La sala se llenó de risas mientras la enfermera y mi mamá intentaban aligerar el ambiente.

Pero no era divertido para mí. Me preguntaba: *¿Realmente me va a poner la inyección?*

Podía oler el alcohol y sentir la esterilidad de la sala. Y lentamente me deslicé de la silla y caí al piso. Me puse blanca como un fantasma, me dijeron, y me desmayé allí mismo.

Me desperté y oí a la enfermera decir: "¡Me parece que a tu hermana no le gustan las agujas!".

No, realmente no le gustan las agujas, dije para mí.

Por alguna razón, esas palabras se arraigaron en lo más profundo de mi ser. A partir de ese momento, en cualquier cita donde *pudiera* necesitar una inyección, comenzaba con la frase: "No me gustan *nada* las agujas".

Cuando me tuvieron que sacar sangre, el flebotomista intentó que no pensara en lo que estaba sucediendo haciéndome preguntas. ¡Me desmayé tres veces ese día!

Después de una cita con el dentista hace nueve años, oí las palabras que más miedo me dan: *Tiene usted una pequeña caries.* Perdí innumerables noches de sueño al ser atrapada por el miedo a la aguja que usarían para hacerme el empaste.

Esos momentos y algunos otros reforzaron mi confesión: "Realmente no me gustan nada las agujas".

Pero recientemente sentí que Dios me impulsaba a dejar de decir esas palabras y que en cambio fijara mi mente como un pedernal en Él y en su fuerza para ayudarme a superarlo.

El año pasado marqué mi tercer año seguido sin desmayarme después de una extracción de sangre, y finalmente me empasté esa caries de hacía nueve años atrás; de hecho, ¡me hicieron dos en un día! Y ni siquiera perdí un minuto de sueño.

—Rachael

CAPÍTULO 4

Pensamientos y palabras
de temor

*No se amolden al mundo actual, sino sean transformados
mediante la renovación de su mente. Así podrán comprobar
cuál es la voluntad de Dios, buena, agradable y perfecta.*

Romanos 12:2

Romanos 12:2 nos enseña que no podemos ser transformados
(cambiados) a menos que primero cambiemos nuestra mente.
Algunas de las lecciones que aprendí al comenzar a estudiar
y recibir la Palabra de Dios tuvieron que ver con mi mente y
mis pensamientos. Fui bendecida por leer un antiguo libro
sobre el poder de nuestros pensamientos y cómo el diablo hace
que la mente sea un campo de batalla en el que guerrea con
nosotros dejando caer pensamientos falsos en nuestra mente.
Después intenta que los creamos para que controlen nuestra
vida.

Me di cuenta de que había
pasado mi vida creyendo cosas
que no eran ciertas según la
Palabra de Dios. Como resultado, esas mentiras se habían
convertido en mi realidad. Le
daré algunos ejemplos:

> *Había pasado mi vida
> creyendo cosas que no eran
> ciertas según la Palabra de
> Dios. Como resultado, esas
> mentiras se habían convertido
> en mi realidad.*

- Creía que de algún modo era culpa mía que mi padre hubiera abusado sexualmente de mí.
- Creía que siempre tendría una vida de segunda categoría debido al abuso.
- Creía que me pasaba algo malo, y esto se repetía en mi mente constantemente: "¿Qué me pasa? ¿Qué me pasa? ¿Qué me pasa?".
- Creía que para evitar que me volvieran a hacer daño, tenía que controlar cada situación y relación.
- Creía que algo malo me iba a ocurrir a la vuelta de la esquina, y vivía con una temerosa expectativa de decepción, malas noticias o pérdida.
- Esperaba que me abandonaran los hombres y algunos amigos que tenía porque esa había sido mi experiencia en la vida.

Creía muchas otras cosas que no eran ciertas, pero estaba engañada. Ser engañado simplemente significa creer una mentira. Yo creí mentiras, y esas mentiras formaron mi realidad. Creo que puedo decir con seguridad que todos tenemos veces en las que creemos cosas que no son ciertas porque pensamientos engañosos se han convertido en fortalezas en nuestra vida. Los pensamientos, ya sean ciertos o falsos, positivos o negativos, forman fortalezas en nuestra mente. Las fortalezas son lugares donde nuestro enemigo, el diablo, se esconde para destruir los buenos planes que Dios tiene para nosotros.

Renovar la mente conlleva tiempo y trabajo. Lo único que da la vuelta a las mentiras que creemos es la verdad de la Palabra de Dios. Si permanecemos en la Palabra de Dios, nos hace libres (Juan 8:32). No nos hace libres simplemente por leerla, pero cuando la obedecemos obtenemos libertad poco a poco. Llevo estudiando la Palabra de Dios por más de cuarenta años, y aún sigo descubriendo pequeñas mentiras que creo y colaborando con el Espíritu Santo para aprender la verdad y así poder ser libre en otra área más de mi vida.

Quizá usted sostenga la opinión de que sus pensamientos no importan tanto, pero son una fuerza muy importante en su vida. Los pensamientos se convierten en palabras, y las palabras se convierten en actitudes y acciones. Pablo dijo a los colosenses que fijaran su mente, "concentren su atención" en las cosas de arriba, no en las cosas de la tierra (Colosenses 3:2). Esto me dice que tenemos la capacidad de pensar en lo que queramos pensar. No somos esclavos de cualquier idea que llegue a nuestra cabeza.

Otro pasaje que deja clara esta verdad está en 2 Corintios 10:4-6, el cual dice que deberíamos derribar los malos pensamientos e imaginaciones y llevar cautivo todo pensamiento para que "se someta a Cristo", o alinear nuestro pensamiento de acuerdo con la Palabra de Dios. Esto significa que podemos derribar un pensamiento y pensar en otro a propósito. No somos esclavos de nuestros pensamientos; podemos hacerlos nuestros prisioneros.

Yo solía creer, como les pasa a muchas personas, que no tenía ningún control sobre lo que pensaba. Nunca me preguntaba de dónde venían mis pensamientos; sencillamente aceptaba cualquier pensamiento como verdadero y vivía por él. ¿Y usted? ¿Qué ha hecho en el pasado con sus pensamientos? Probablemente ha hecho lo mismo que yo hice; la mayoría de las personas lo hacen hasta que aprenden que sus pensamientos podrían estar arruinando sus vidas.

He tenido el privilegio de escribir un libro titulado *El campo de batalla de la mente*. Se escribió en 1995 y sigue siendo uno de mis libros éxitos de ventas, porque ayuda a la gente de una manera muy práctica. Durante los años, nuestra oficina ha recibido muchos testimonios de cómo personas han cambiado drásticamente al aprender que podían pensar sus propios pensamientos.

Animo a las personas a pensar en lo que están pensando. Eso puede parecer extraño, pero la próxima vez que empiece a sentirse desanimado, deprimido o ansioso, encontrará cuál es la fuente de su problema si piensa en lo que ha estado pensando. Los pensamientos felices nos hacen ser personas felices.

También escribí un libro titulado *Pensamientos de poder*, en el que enseño a las personas a cómo tener deliberadamente pensamientos que aporten poder a sus vidas como, por ejemplo: *Puedo hacer todo lo que tenga que hacer en la vida en Cristo que me fortalece. Amo a las personas, y amo el ser generoso y dar. No viviré en temor, porque Dios está conmigo.* Hay miles de pensamientos como estos. Usted puede llenar su mente de ellos diariamente, y le capacitarán y ayudarán para que sea la persona que Dios quiere que sea y para que haga las cosas que Él quiere que haga.

Dedique tiempo cada día a tener "sesiones de pensamientos" deliberadamente para pensar en aquellas cosas que quiere ver ocurrir en su vida. La Palabra de Dios dice de una persona que "cual es su pensamiento en su corazón, tal es él" (Proverbios 23:7, RVR1960). En otras palabras, donde va la mente, sigue la persona. Nuestros pensamientos trazan el curso que tomará nuestra vida.

No importa cuántos años le hayan causado problemas sus pensamientos, puede renovar su mente. Se puede cambiar. Y cuando cambia su mente, usted también cambiará. Le animo a ponerse la meta de tener siempre pensamientos positivos, con esperanza, llenos de fe. Crea lo mejor de la gente en lugar de sospechar y enfocarse en sus faltas, y eso hará que sus relaciones mejoren mucho.

Imaginación

La capacidad de imaginar cosas que aún no son una realidad es poderosa. Podemos ver imágenes en nuestra mente. Por ejemplo, si yo digo "elefante rosa", usted de inmediato ve una imagen en su mente de un elefante rosa. En nuestra imaginación, como en los demás pensamientos, deberíamos escoger imaginar algo maravilloso. Le animo a practicar imaginarse cosas que son imposibles para usted pero que son posibles para Dios. Pregúntese: "¿Dónde me veo dentro de cinco años?". "¿Cómo creo que Dios me está llamando a marcar una diferencia en el mundo?".

Dios nos dio la capacidad de imaginar, así como nos dio la capacidad de pensar, y Él quiere que la usemos sabiamente. La gente que imagina grandes cosas termina haciendo grandes cosas. Antes de que existiera el automóvil, alguien tuvo que imaginarse que se podía inventar y, de hecho, pensar en ello probablemente durante mucho tiempo. Alguien diseñó la primera silla. Esa persona quizá se cansó de sentarse en una piedra dura y dijo: "Debe haber algo mejor en lo que sentarse que una piedra, algo blando y cómodo, algo en lo que me pueda recostar y relajarme". Después debieron imaginar un ejemplo de lo que podría ser y finalmente intentaron construir un asiento con cuatro patas y un respaldo.

Miles de personas tienen buenas ideas, pero nunca hacen nada con ellas. No basta solo con imaginar algo. Tenemos que añadir esfuerzo a la imaginación. Más importante aún, no nos debe dar miedo intentarlo. Usted debe estar dispuesto a fracasar para descubrir si puede tener éxito. He oído que Thomas Edison falló dos mil veces mientras intentaba crear la bombilla.

> *Usted debe estar dispuesto a fracasar para descubrir si puede tener éxito.*

No sé si es exacto o no, pero obviamente no creó la bombilla perfectamente al primer intento. En vez de abandonar, dijo que cada fallo le enseñaba lo que no funcionaba, y así podía eliminar ese camino y pasar a la siguiente idea. Solo porque una persona falle no significa que sea un fracaso. Nadie es un fracaso si lo sigue intentando.

Cuando Dios me llamó al ministerio, le oí hablar a mi corazón que recorrería el mundo enseñando su Palabra. Durante los primeros cinco años de mi ministerio enseñaba un estudio bíblico para algunas veinticinco personas una vez por semana en el salón de mi casa. Mientras enseñaba a ese pequeño grupo me imaginaba enseñando a grandes multitudes de personas. Actualmente esas grandes multitudes son una realidad en mi vida. Orar a Dios para que haga grandes cosas en su vida no es útil si sus pensamientos e imaginaciones son lo opuesto a lo que usted ha pedido.

No creo que podamos meramente imaginar lo que queramos y conseguirlo, pero sí creo que tenemos que alinear nuestros pensamientos e imaginaciones con la Palabra de Dios y su voluntad para nuestra vida. No podemos caminar con Dios a menos que estemos en acuerdo con Él (Amós 3:3). Por eso, déjeme preguntarle: ¿Están sus pensamientos e imaginaciones de acuerdo con Dios?

Los pensamientos se convierten en palabras, actitudes y acciones

Cuando recibimos los pensamientos de temor que el diablo nos sugiere en nuestra mente y meditamos en ellos, se convierten en actitudes no saludables. Aunque intentemos esconder una mala actitud, siempre se escurrirá y saldrá por algún sitio donde otros lo verán. Los pensamientos y actitudes se convierten en palabras que decimos y acciones que emprendemos.

Si yo medito en lo mucho que una persona me ha ofendido y que me da miedo que me vuelva a pasar, y planeo evitarla para protegerme a mí y castigarla a ella, me estoy preparando para la acción. Es muy probable que hablaré con alguien sobre cómo me siento, y mis palabras pueden envenenar la actitud de esa persona hacia quien me ofendió. Esto es triste porque puede que se lleve bien con esa persona.

Digamos que estoy en la iglesia y la persona que me ofendió (y que probablemente ni siquiera es consciente del dolor que causó) se acerca a mí con una actitud amigable y me invita a almorzar. Será casi imposible para mí ser amigable con él o ella o que no se me note una mala actitud. Podría incluso explotar verbalmente, despotricando sobre cómo me ofendió, ¡y bla, bla, bla! Es probable que esa persona se disculpe y diga que ni siquiera se dio cuenta de que me había ofendido. Después me iré a casa y al principio me sentiré vindicada, pero cuando mis emociones se calmen me daré cuenta de que entristecí al Espíritu Santo y es muy probable que pase días sintiéndome culpable. La próxima vez que vea a la persona, me sentiré avergonzada y querré correr a esconderme, porque eso es lo que hace el miedo: correr y esconderse.

Pero pensemos en otra forma en la que podría haber transcurrido esta escena. Alguien me ofende y el diablo me ofrece pensamientos de miedo, haciéndome pensar que me ofendió a propósito y que probablemente lo volverá a hacer. Después me ofrece un pensamiento sugiriéndome cortar a esa persona de mi vida y encontrar una manera de vengarme. Sin embargo, he estado estudiando la Palabra de Dios, y recuerdo leer que el amor siempre cree lo mejor de los demás (1 Corintios 13:4-7), así que derribo ese mal pensamiento y decido creer que el que me ofendió ni siquiera se dio cuenta de lo que ocurrió. Quizá la persona se sentía mal físicamente, estaba pasando por un tiempo difícil, o acababa de recibir una mala noticia. Sea cual fuere el caso, decido soltar la ofensa y seguir caminando en amor porque sé que eso es lo que Jesús quiere que haga.

Puedo decidir, y es fácil ver cuál de las dos opciones es mejor. Jesús dijo que todo lo que hay en nuestro corazón sale por la boca (Mateo 12:34). La gente a menudo racionaliza comentarios impropios diciendo: "No lo decía en serio; era de broma". Solo se engañan a sí mismos, porque quizá lamenten sus comentarios, pero los comentarios simplemente reflejaron lo que había en su corazón. Puede que tengan pensamientos y actitudes subyacentes que inundaron sus mentes por mucho tiempo sin tan siquiera darse cuenta de que permitieron que entraran en su vida.

Para poder caminar en victoria o disfrutar de la vida que Jesús murió para darnos, debemos entender el poder de las palabras y trabajar diligentemente con el Espíritu Santo para aprender a controlar lo que sale de nuestra boca. Esto exige que controlemos nuestros pensamientos. No podemos controlar nuestras palabras o nuestros pensamientos sin la gracia de Dios, pero cuando queremos hacer lo correcto y le pedimos su ayuda, Él siempre nos da gracia y más gracia para ayudarnos.

Quiero explicar un par de versículos poderosos sobre el poder de las palabras.

Primero, leamos Proverbios 18:20-21:

> Cada uno se llena con lo que dice y se sacia con lo que habla. En la lengua hay poder de vida y muerte; quienes la aman comerán de su fruto.

Deberíamos dedicar tiempo a pensar profundamente en lo que están diciendo estos dos versículos. Primero, estaremos satisfechos o insatisfechos con nuestra vida, al menos en parte, a base de las palabras que decimos. No solo decimos palabras, sino que también oímos las palabras que decimos, y nos

"¡Te vas a tragar tus palabras!".

alimentan. Probablemente haya oído decir a alguien en algún momento: "¡Te vas a tragar tus palabras!". Eso significa que finalmente la persona lamentará lo que dijo. Y en verdad nos tragamos nuestras palabras en el sentido de que van a nuestro corazón. Si son buenas palabras, nos bendicen. Si no, envenenan nuestras actitudes y roban nuestra paz y gozo. Así como la gente puede tener intoxicación alimentaria por comer algo podrido, podemos tener "intoxicación de palabras" si permitimos que salgan de nuestra boca palabras podridas.

También deberíamos dedicar tiempo a leer y meditar las palabras del segundo versículo de este pasaje: "En la lengua hay poder de vida y muerte". Imagínese, podemos hablarnos vida a nosotros y a otras personas, o podemos declarar muerte.

¡Comeremos del fruto de nuestras palabras!

Ahora, leamos Santiago 3:2-10:

> Todos fallamos mucho. Si alguien nunca falla en lo que dice, es una persona perfecta, capaz también de controlar todo su cuerpo. Cuando ponemos freno en la boca de los caballos para que nos obedezcan, podemos controlar todo el animal. Fíjense también en los barcos. A pesar de ser tan grandes y de ser impulsados por fuertes vientos, se gobiernan por un pequeño timón a voluntad del piloto. Así también la lengua es un miembro muy pequeño del cuerpo, pero hace alarde de grandes hazañas. ¡Imagínense qué gran bosque se incendia con tan pequeña chispa! También la lengua es un fuego, un mundo de maldad. Siendo uno de nuestros órganos, contamina todo el cuerpo y, encendida por el infierno, prende a su vez fuego a todo el curso de la vida. El ser humano sabe domar y, en efecto, ha domado toda clase de fieras, de aves, de reptiles y de bestias marinas; pero nadie puede domar la lengua. Es un mal irrefrenable, lleno de veneno mortal. Con la lengua bendecimos a nuestro Señor y Padre, y con ella maldecimos a las personas, creadas a imagen de Dios. De una misma boca salen bendición y maldición. Hermanos míos, esto no debe ser así.

Estos versículos nos enseñan que las palabras que decimos determinan la dirección de nuestra vida. Dije antes que tanto Dios como el diablo tienen un plan para nuestra vida. El plan que seguimos es aquel con el que estemos de acuerdo. Nuestras palabras revelan lo que hay en el corazón, y en algún momento en que estemos desprevenidos lo que realmente creemos es lo que saldrá, revelando lo que hay en nuestro corazón si aprendemos a escucharnos.

Digamos lo mismo que Dios dice al margen de lo que pensemos, cómo nos sintamos o cómo parezcan las cosas. Usted y yo tenemos un efecto profundo en nuestro futuro. Si hablamos de forma positiva poniéndonos de acuerdo con Dios, tendremos resultados positivos.

Nadie puede conseguir lo que quiere simplemente diciendo que lo tendrá, pero podemos tener lo que Dios quiere que tengamos si nos ponemos de acuerdo y cooperamos con Él. Si pensamos miedo y declaramos miedo, nos estorbaremos para progresar en la vida. Somos esclavos de nuestros propios pensamientos y palabras. En lugar de decir: "Tengo miedo", aprenda a decir: "Cuando sienta miedo, lo haré con miedo".

No ore pidiendo tareas que igualen su poder. Ore pidiendo poder que iguale sus tareas.

Phillips Brooks

Todo es posible para Dios

Durante cuarenta años viví con un miedo paralizante a los autobuses, aviones y grandes multitudes. Lo sé, ¡eso elimina una gran parte de la vida! Aunque sabía que ese temor era irracional, no podía dar el primer paso para ser libre de ello. Entonces, hace unos años atrás comencé a estudiar lo que dice la Palabra de Dios sobre el miedo. Mientras más aprendía, más oraba pidiendo la ayuda de Dios para ser libre en esta área.

Poco después me pidieron que fuera de acompañante con la clase de guardería de mi hija a un viaje a un huerto de manzanos. Sabía que significaba subirme a un autobús, *con otras personas*. Dije que sí y oré para que el viaje se cancelara.

Llegó el día y me vi ante el gran monstruo amarillo. Con todo mi cuerpo tembloroso, subí al autobús y me senté. En mi mente, comencé a enfocarme en versículos concretos que me ayudaran, pasajes como el Salmo 91, e incluso los recitaba en voz baja. Enseguida terminó el viaje de quince minutos. ¡Me sentí como si hubiera escalado una montaña!

Mi siguiente reto fue mucho mayor: asistir a una conferencia cristiana en un estadio en una ciudad vecina. Año tras año me había apuntado, pero después lo había cancelado en el último minuto. *Pero no este año.*

Llegó el fin de semana, y conduje hasta la ciudad con unas amigas. Pero cuando llegó el autobús, me quedé paralizada. Quería darme la vuelta e irme a casa. Entonces me dije: "Shawn, si no haces esto, volverás a tener miedo todo el tiempo".

Me subí al autobús, y minutos más tarde entré en un estadio con miles de personas. Tras unos cinco minutos, algo sorprendente ocurrió: *Ya no tenía miedo.*

Como un año después me vi ante mi "examen final": un viaje misionero a la India. Sabía que Dios me había llamado a ir, pero para llegar hasta allí serían necesarios cinco aviones y varios autobuses. Quise darme la vuelta y regresar varias veces, pero el Señor seguía diciéndome: "Paso a paso. Solo haz lo que tienes delante".

Finalmente llegué a uno de los aeropuertos más transitados del mundo, *y no me abrumó*. Dios me mostró que todo es posible para Él.

—Shawn

"Siento" miedo

Cuando siento miedo, pongo en ti mi confianza.

Salmos 56:3

La sensación de miedo es algo muy real. Incluso se puede manifestar físicamente. Creo que el miedo puede hacernos temblar y sudar, acelerar nuestro corazón, interrumpir nuestro ritmo normal de respiración, y provocar otros síntomas físicos. Pero podemos gestionar estas sensaciones de forma realista si recordamos que son solo sentimientos y que el temor a que ocurra algo malo es de hecho peor que lidiar con una situación que nos amenaza. Recuerde: el miedo nos retiene y nos impide progresar en nuestra vida.

Si tengo miedo de hacerme daño cuando intente hacer ejercicio, no haré ejercicio. Lo sé porque realmente yo me lesioné intentando hacer ejercicio, y por años usé esa mala experiencia para evitar hacer ejercicio. La razón por la que me hice daño fue que intenté hacer demasiado ejercicio demasiado rápido y tenía una mala postura cuando intenté levantar peso. ¡Esa es una receta para una lesión! Lo que necesitaba era un entrenador que me enseñara lo fundamental para hacer ejercicio del modo correcto. Finalmente comencé a trabajar con un entrenador, y llevo haciéndolo varios años. El ejercicio regular me ha ayudado tremendamente.

El miedo puede robarnos cualquier cosa si se lo permitimos.

Me gustaría saber cuántos temores que aún no he localizado están escondidos en algún lugar de mi vida. En el tiempo de Dios, Él me lo mostrará. Gracias a Dios que no nos revela al mismo tiempo todo con lo que tengamos que lidiar. Si lo hiciera, nos abrumaría y nos rendiríamos antes de comenzar.

Al principio de mi ministerio estaba orando y pidiéndole a Dios que me enviara invitaciones para hablar en conferencias y en iglesias. Había orado por un tiempo, pero no sucedía nada. Entonces, finalmente, llegaron dos oportunidades al mismo tiempo. La primera era en Colorado. Un ministro muy reconocido tenía que hablar antes que yo, así que eso me garantizaba una buena audiencia, y estaba contenta por ello. Resultó que él tuvo que cancelar por alguna razón en el último momento, con lo cual yo era la única, alguien a quien nadie conocía. Fue desalentador ver una audiencia tan pequeña.

Fui directamente de allí a Florida, donde había sido invitada en el último momento para sustituir a alguien que no pudo llegar. Me lo pidieron a mí, porque alguien que conocía a alguien que conocía a alguien que me conocía me había sugerido como oradora. Los organizadores de la conferencia me pidieron que hablara en una sesión de la tarde; yo no era una de las invitadas principales, pero estaba emocionada por tener esa oportunidad.

En ese evento, la primera fila estaba llena de oradores: el Doctor Fulanito, el Obispo Menganito, un profeta de África y un reverendo muy reconocido. Después estaba yo, sencillamente Joyce. No tenía ningún título sofisticado, ni era conocida ni buscada, pero ahí estaba sentada a punto de ver contestada mi oración. Y estaba paralizada del miedo, como se dice. Imagino que eso significa que tenía tanto miedo que casi ni podía moverme, y así me sentía realmente. Me sentía insignificante, pequeña, ridícula, como si debiera regresar a casa y no salir de allí nunca.

Entonces sucedió: antes de que hablara el orador principal de esa noche, el organizador de la conferencia pidió a cada orador de los talleres que tomara unos minutos para decir de lo que pensaba hablar al día siguiente. ¡Ya me había pasado el día imaginándome mi taller totalmente vacío!

Me levanté para hablar esos minutos y tenía tanto miedo que, cuando abrí mi boca para hablar, mi voz apenas se oía. Me sentí ridícula. Tenía que tomar una decisión: podía reunir toda mi valentía, intentarlo de nuevo y esperar lo mejor, o podía huir de la plataforma (que era lo que tenía ganas de hacer) y volver a casa a St. Louis lo más rápidamente que pudiera.

Bueno, volví a abrir mi boca. Aún recuerdo que iba a hablar sobre Gálatas 3:1-3 al día siguiente, enseñando a la gente sobre que no podemos cambiarnos a nosotros mismos mediante las obras, pero podemos humillarnos y recibir la gracia de Dios para hacer la obra que tenemos que hacer. Al día siguiente mi taller estaba repleto. No había asientos libres, y había personas de pie al fondo de la sala. Y aquí sigo hoy, hablando en conferencias, en iglesias y en televisión y radio. El miedo intentó robar mi destino, y casi lo logró. Tuve que confrontar el temor, y usted tendrá que hacer lo mismo. No permita que el miedo le detenga, porque si eso sucede, se perderá oportunidades maravillosas que Dios ya ha preparado para que usted las disfrute (Efesios 2:10).

Entender los sentimientos

Dudo que cualquiera de nosotros nunca llegue a entender todos nuestros sentimientos, porque pueden ser bastante misteriosos. Los sentimientos pueden ser muy buenos, y pueden ser muy malos. Parecen ir y venir a su propia discreción. Me gusta decir que son volubles, cambian a menudo y sin previo aviso.

Dudo que cualquiera de nosotros nunca llegue a entender todos nuestros sentimientos, porque pueden ser bastante misteriosos.

Por ejemplo, un domingo en la

mañana en la iglesia cuando el pastor habla sobre la importancia de los niños y lo mucho que necesitan que personas se ofrezcan como voluntarias en el departamento infantil, me resulta fácil "sentir" que quiero hacer eso. Me emociono. Quiero servir. Estoy segura de que no me importará no estar en la reunión de los adultos ni trabajar en la guardería durante la escuela dominical previa y después quedarme para disfrutar de la reunión posterior. Puede que incluso me emocione hacerlo la primera vez, pero tras escuchar llorar a los bebés, cambiar unos cuantos pañales malolientes y lidiar con algunos padres desagradecidos o padres que se quejan, no se sorprenda si ya no "siento" que quiero trabajar con los niños.

La gente que entiende la importancia de hacer compromisos y cumplir su palabra irá más allá de sus sentimientos y pasará a la acción de todos modos. Por desgracia, otros muchos simplemente no regresarán a la guardería y justificarán su falta de seguimiento pensando que no es lo que Dios quiere que hagan. Si Él hubiera querido que lo hicieran, dicen ellos, les habría gustado. Aunque creo que Dios no nos llama a hacer cosas durante el resto de nuestra vida que no disfrutamos en absoluto, sí creo y sé por experiencia propia que puede que seamos llamados a hacer algunas cosas que no nos emocionan mucho, pero que son una necesidad que podemos suplir. Creo que a veces estas experiencias son pruebas de Dios diseñadas para enseñarnos la importancia de cumplir nuestra palabra. La Biblia dice que la persona piadosa "mantiene su palabra, aunque salga perjudicado" (Salmos 15:4, NTV). Para mí, esto significa que, aunque digamos que vamos a hacer algo y después deseemos no habernos comprometido a hacerlo, tenemos que cumplir nuestra palabra. Es sabio orar y pensar sobre hacer un compromiso antes de decir sí.

En nuestros días, más que cualquier otra cosa la gente parece hablar sobre cómo se siente, así que es obvio que ponemos mucha dependencia en los sentimientos. Sin embargo, no es sabio dejar que los sentimientos, o la ausencia de los mismos, establezcan el criterio por el que juzguemos un asunto. Escribí un libro titulado *Vive por encima de tus sentimientos*, el cual explora este tema con más profundidad. Como ocurre con el miedo, hay otros sentimientos que intentan dictar nuestro comportamiento. Podemos aprender a no permitir que estas emociones gobiernen nuestras decisiones. Entender cuán inestables son los sentimientos me ha ayudado a aprender a no depender demasiado de ellos.

Piense en su trabajo o carrera profesional, por ejemplo. En el momento de escribir este libro, he estado enseñando la Palabra de Dios por cuarenta y tres años, y durante treinta y tres de esos años he viajado haciendo conferencias y eventos como oradora. Recuerdo a alguien preguntándome cómo me sentía con todos estos viajes que tengo que hacer, y mi respuesta: "Hace mucho tiempo que no me lo pregunto".

Deberíamos dejar de preguntarnos cómo nos sentimos haciendo algo que sabemos que debemos hacer. Si no dejamos de consultar a nuestros sentimientos, no terminaremos muchas cosas en la vida.

Al principio, viajar en el ministerio era emocionante para mí; sin embargo, mi entusiasmo por ello enseguida se desvaneció con tanto hacer y deshacer maletas, dormir en colchones que no siempre son cómodos, alfombras sucias con manchas, refrigeradores que congelan todo lo que pones en ellos, ruido de la habitación contigua, música de la terraza del bar que está justo debajo de tu ventana, y otros inconvenientes. Por supuesto que no todas las experiencias al viajar han sido negativas. Hay muchos hoteles magníficos, pero un hotel no es tu casa, así que es fácil cansarse de ellos.

He dado miles de conferencias y charlas durante los años, y alguien me preguntó hace unos meses atrás si estaba emocionada por una que estaba a punto de llegar. Cuando dije que no, la persona me miró como si hubiera cometido el pecado imperdonable. Al darme cuenta del asombro y la decepción que sintió esa persona, rápidamente le expliqué que, aunque no estaba emocionalmente entusiasmada, estaba muy comprometida con la conferencia y estaría comprometida con la enseñanza de la Palabra de Dios mientras viviera. Si podemos entender esto y proponernos hacer lo que tenemos que hacer al margen de si lo sentimos o no, estaremos más cerca de la victoria.

Hagamos lo que hagamos, cuando la novedad se desgaste lo que hacemos no nos emocionará ya. Si no sabemos cómo cambiar de marcha del entu-

> *Hagamos lo que hagamos, cuando la novedad se desgaste lo que hacemos no nos emocionará ya.*

siasmo al compromiso, rebotaremos de una cosa a otra durante toda nuestra vida y no terminaremos casi nada. El apóstol Pablo dijo que era muy importante para él terminar lo que Dios le había llamado a hacer.

> Pero mi vida no vale nada para mí a menos que la use para terminar la tarea que me asignó el Señor Jesús.
>
> Hechos 20:24, NTV

Pablo era impasible ante la persecución, los inconvenientes y las dificultades. Había decidido en su mente terminar la tarea de su vida, que era predicar el evangelio por la gracia de Dios. Quería hacerlo con gozo, pero el gozo es distinto al entusiasmo emocional. Yo tenía gozo por hacer la conferencia que estaba a punto de hacer. Estaba muy contenta por las personas que estarían allí y por lo que aprenderían, pero no estaba emocionalmente entusiasmada.

El entusiasmo emocional nos da energía, pero al final

tenemos que aprender a vivir por la determinación de terminar lo que Dios nos ha dado que hacer y confiar en que Él nos dará la energía necesaria para llevar a cabo la tarea.

Depender de la emoción es una razón por la que el índice de divorcio en nuestra sociedad es tan alto. Somos un tanto adictos al entretenimiento y el entusiasmo, y cuando un matrimonio dejar de ser emocionante, algunas personas quieren encontrar a otra persona que les emocione. Pero ese tipo de relación tampoco durará. A menudo digo que no se me ponen los pelos de punta cuando Dave llega a casa, ni mi corazón palpita más rápido, pero le amo profundamente y estoy comprometida con él "hasta que la muerte nos separe". En el momento de escribir este libro llevamos cincuenta y tres años casados, y un compromiso así requiere algo más que entusiasmo emocional.

No hay nada de malo en el entusiasmo. Si lo sentimos deberíamos disfrutarlo, pero también debemos aprender a no depender de él porque es algo que viene y va.

Jesús también habló del hecho de que había terminado lo que su Padre le había enviado a hacer (Juan 17:4), pero dudo seriamente que ser crucificado fuera emocionante para Él. La Biblia dice que sufrió la cruz, menospreciando el oprobio, por el gozo puesto delante de Él (Hebreos 12:2). Nos hace sentir bien cuando sabemos que hemos terminado lo que Dios nos ha pedido hacer.

Cuando mi padre, que había abusado de mí, y mi madre, que me había abandonado, se hicieron demasiado mayores para valerse por sí mismos, el Señor me pidió que cuidara de ellos. Tras un buen tiempo de discutir con Él, que por cierto no vale de nada, dije sí. En ese momento no sabía que vivirían otros trece años y exigiría muchos gastos y un cuidado que requería mucho tiempo. No fue emocionante ni divertido para mí, pero lo hice porque sabía que era lo que tenía que hacer. Ahora estoy muy contenta de saber que terminé la tarea que Dios me encomendó.

Si ha perdido su entu-
siasmo o emoción por algo,
no se rinda solamente por esa
razón. Antes de abandonar
algo, asegúrese de que Dios le

> *Si ha perdido su entusiasmo o emoción por algo, no se rinda solamente por esa razón.*

está diciendo que lo haga. Aunque puede que Él le pida hacer algo difícil, le dará la gracia para hacerlo. Nuestra respuesta a cualquier cosa que Él nos pida hacer siempre debería ser sí.

En lugar de tomar decisiones basadas en si siente miedo o no, tómelas basado en ser valiente. Según el corto poema de Karle Wilson Baker, "Valentía": "Valentía es el miedo que ha ofrecido sus oraciones" y ha pasado a hacer lo que le pidieron hacer.

De todas las mentiras del mundo, a veces las peores son nuestros propios temores.

Rudyard Kipling

El rugido del tigre

El tigre es una de las criaturas más majestuosas. Por muchos años, estas criaturas enormes y hermosas han desconcertado a los investigadores. Parece que cuando los tigres cazan, tienen una capacidad notable para paralizar a sus presas con el miedo, una capacidad mayor que la de cualquier otro gran felino. Cuando el tigre arremete contra su desafortunada presa, lanza un escalofriante rugido. Quizá usted piensa que eso sería suficiente para hacer que la presa se diera la vuelta y huyera para salvar su vida, pero en vez de eso a menudo se queda paralizada y enseguida se convierte en alimento para el tigre.

Con la llegada del nuevo siglo, los científicos descubrieron por qué sucede que las presas se paralizan en vez de huir cuando el tigre ataca. Cuando el tigre ruge, produce ondas de sonido que son audibles, las que suenan de forma aterradora. También lanza sonido a una frecuencia tan baja que no se puede oír, pero se puede sentir. Y por eso, cuando el tigre emerge de su escondite, el resplandor de su color, el sonido de su rugido, y el impacto de las ondas de sonido inaudibles pero que se sienten se mezclan para producir un asalto de órdago sobre los sentidos. El efecto es que la presa se queda momentáneamente paralizada, y aunque quizá hubiera tiempo para evitar al tigre, se queda quieta el tiempo suficiente para que el tigre salte sobre ella.

Nuestros temores a menudo operan del mismo modo. Nos paralizan dejándonos inactivos, incluso cuando la verdadera amenaza no está sobre nosotros inmediatamente. Parte de vencer los retos que tenemos delante es reconocer la capacidad de que nuestro temor a lo que nos pueda ocurrir nos impida lidiar bien con el reto.

CAPÍTULO 6

¿Por qué tengo miedo?

Practiquen el dominio propio y manténganse alerta. Su enemigo el diablo ronda como león rugiente, buscando a quién devorar.

1 Pedro 5:8

Es fácil olvidarnos del diablo porque no podemos verlo. Culpamos de nuestros problemas a otras personas, a nosotros mismos, a las circunstancias e incluso a Dios, pero en muchos casos los problemas realmente son la obra del diablo. Aunque Satanás puede obrar mediante personas y circunstancias, él está en la raíz de muchos de nuestros problemas. Él es nuestro adversario, nuestro enemigo, el que siempre está contra nosotros, intentando constantemente obstaculizar y robar el buen plan de Dios para nuestra vida. Recuerde que Juan 10:10 dice que el diablo viene por tres razones: para robar, matar y destruir.

Descubrir que Satanás es real y que era la raíz de mis problemas fue algo que cambió mi vida. Yo era cristiana, pero una cristiana que no tenía victoria en su vida y aceptaba todo lo que llegara como la voluntad de Dios o como culpa de alguien que simplemente no hizo lo que yo quería que hiciera para hacerme feliz. Culpaba de mis problemas a cualquier persona o cosa salvo al diablo porque, aunque entendía que había un diablo y que el diablo existía en el mundo, no lo veía como una influencia personal en mi vida.

Quizá usted esté en el mismo lugar donde yo estaba antes. Dedique unos minutos a ver al diablo como lo describe el versículo de la Biblia de más arriba: un adversario, un enemigo que merodea alrededor, acechando siempre por algún lugar cerca de usted, buscando una entrada en su vida para poder devorar su paz, gozo y victoria.

Es posible que permitamos que el diablo nos influencie. Pablo nos advirtió en Efesios 4:26-27 que no le diéramos lugar al diablo en nuestra vida. Este pasaje indica que el diablo puede obtener entrada mediante la ira que no se ha tratado, pero hay otras formas en las que también le podemos dar acceso a nuestra vida.

Una forma en la que dejamos que el diablo se aproveche de nosotros es mediante el temor. De hecho, creo que el temor es el arma número uno que él usa contra nosotros. Tristemente, por lo general, aceptamos eso como algo contra lo que no podemos hacer nada. Pensamos que solo tenemos miedo y ya está. Asumimos que somos incapaces de progresar o de hacer las cosas que verdaderamente queremos hacer porque nos da miedo por alguna razón. Yo creí durante años que sencillamente era cobarde porque tenía miedo, pero gracias a Dios que aprendí a "hacerlo con miedo". Esa idea produjo un cambio maravilloso

> *El temor es el arma número uno que el diablo usa contra nosotros.*

en mi vida. No somos cobardes por sentir miedo; solo somos cobardes si nos sometemos al miedo y hacemos lo que nos dice, lo cual significa que no hacemos nada o corremos y nos escondemos.

Aunque a las personas a menudo no les gusta oír hablar sobre el diablo porque no es un tema placentero, aprender a ser libre del temor es imposible a menos que nos demos cuenta de que el diablo es la fuente de todo temor.

Pues Dios no nos ha dado un espíritu de temor y timidez sino de poder, amor y autodisciplina.

2 Timoteo 1:7, NTV

Como el temor no viene de Dios, debe venir del diablo. Dios nos da fe, y el diablo contraataca con el miedo. La única fuerza que vence al temor es la fe, y la fe ve y escucha a Dios y pasa a la acción, aunque siga sintiendo miedo.

Así que humíllense delante de Dios. Resistan al diablo, y él huirá de ustedes.

Santiago 4:7, NTV

Debemos resistir al diablo o él arruinará nuestra vida con sus mentiras si las creemos. Debemos permanecer firmes contra el diablo, ser fuertes y vigilar para asegurarnos de que no nos devore.

Jesús resistió al diablo cuando Pedro intentó persuadirlo para que no fuera a la cruz (Mateo 16:23). Dijo, en pocas palabras: "Ponte detrás de mí, Satanás; eres un estorbo, y te interpones en mi camino". Satanás realmente estaba usando a Pedro para intentar convencer a Jesús de que desobedeciera a Dios. A menudo él usa a las personas más cercanas a nosotros para desviarnos de nuestro destino. Ellos no intentan intencionalmente hacer que desobedezcamos a Dios, sino que quieren que hagamos lo que ellos quieren que hagamos, no lo que Dios o cualquier otra persona quiera que hagamos. Pedro no quería que Jesús sufriera y muriera, así que le dijo que no fuera al lugar donde sufriría, pero Jesús reprendió a Pedro sabiendo que en realidad el diablo estaba obrando a través de él, intentando detenerlo para que no cumpliera el plan de Dios.

Si queremos resistir al diablo, debemos resistirnos a pasar a la acción que el temor demanda que hagamos o no hagamos.

Si el temor le dice a usted: "No puedes hacer eso; vas a hacer el ridículo", usted debería decir: "Todo lo puedo en Cristo que me fortalece" (Filipenses 4:13) y después realizar la acción necesaria, aunque sienta miedo.

Conquista mediante la confrontación

Podemos orar para ser librados del temor, pero a menudo, en lugar de eliminar los sentimientos de miedo Dios nos da el valor para confrontar el temor y seguir avanzando. Dios le dijo a Josué que no tuviera miedo, sino que fuera valiente (Josué 1:5, 9). Le estaba advirtiendo a Josué que el miedo intentaría detenerlo para que no tomara la Tierra Prometida, pero si él era valiente al margen de lo que sintiera, conseguiría una gran victoria.

A menos que se confronte el mal, siempre prevalecerá. Mientras más tiempo pase sin que se confronte, más territorio toma y más fuerte se hace. Nuestra sociedad está llena de maldad. Si no hacemos nada para detenerla, entonces básicamente la estamos permitiendo. Quizá se pregunte qué puede hacer usted. Algo que puede hacer es hablar en contra de cualquier maldad, porque el que calla otorga.

> *Nuestra sociedad está llena de maldad. Si no hacemos nada para detenerla, entonces básicamente la estamos permitiendo.*

Todo creyente tiene autoridad sobre Satanás

No crea que otros podrían ejercer autoridad sobre el diablo porque de algún modo son creyentes "especiales" pero que usted no tiene ese privilegio.

He aquí os doy potestad de hollar serpientes y escorpiones,
y sobre toda fuerza del enemigo, y nada os dañará
Lucas 10:19, RVR1960

Este versículo no está escrito solo para "súper santos"; está
escrito para todos los creyentes en Jesucristo. Dios nos ha dado
poder y autoridad, pero no nos hace ningún bien si no los ejercemos. Los ejercemos resistiendo al diablo, hablando contra él y
contra sus obras, y rehusando creer sus mentiras. Cuando Satanás mintió a Jesús, Él siempre contestó citando como respuesta
un versículo que refutaba su mentira (Lucas 4:1-10). Nosotros
también deberíamos responder al diablo. La Biblia dice: "pero
el que reciba mi palabra, que la proclame con fidelidad" (Jeremías 23:28).

Cada vez que sienta miedo, recuerde que el miedo viene de
Satanás. El único tipo correcto de temor es el temor reverente
de Dios, que es un tipo de temor basado en el respeto y el asombro y que le da honor a Él sobre todo lo demás. La Escritura
se refiere a este tipo de temor como "el temor del Señor". El
temor del Señor no tiene la intención de provocarnos miedo de
que Dios nos hará daño. Dios es siempre bueno, pero mediante
nuestra propia necedad podemos abrirle puertas al diablo al
desobedecer a Dios. Por esta razón, la Escritura nos insta a
tener un temor reverente de Dios. Esta actitud hacia Dios nos
mantendrá en el camino correcto de la vida e impedirá que
pensemos que desobedecerlo no es la gran cosa. Podemos ser
perdonados de nuestros pecados, pero hacer lo correcto para
empezar es incluso mejor. Proverbios 9:10 dice: "El comienzo
de la sabiduría es el temor del Señor".

Algunas situaciones exigen sabiduría en forma de precaución legítima o preocupación, como un incendio, meterse en
aguas profundas (a menos que seamos grandes nadadores), irse
a la cama sin cerrar la puerta con llave, soportar un dolor físico

o síntomas raros durante un año y no ir al médico, o cruzar una calle con tráfico por donde no hay ninguna señal de stop. Muchas personas resultan heridas simplemente porque no usan el sentido común, pero vemos que el sentido común no es muy común en nuestros días. Creo que la sabiduría es sentido común santificado. Dios nos ha dado sabiduría, pero debemos usarla para poder beneficiarnos de ella.

Hay algunos temores que son buenos porque nos impiden resultar heridos; sin embargo, los temores que nos impiden hacer lo que creemos que deberíamos hacer, o incluso cosas que queremos hacer, son todos del diablo.

No sea más una víctima

Muchas personas que han sido lastimadas o se han aprovechado de ellas se pasan el resto de su vida con una mentalidad de víctima. Le animo a no hacer eso. Si el diablo se las ha ingeniado para herirle una vez, no le permita que le siga lastimando al aceptar la mentira de que usted es una víctima. Quizá haya sido víctima una vez, pero como hijo o hija de Dios ahora es una nueva criatura, y las cosas viejas pasaron (2 Corintios 5:17). Abusaron sexualmente de mí en mi infancia, pero ahora siento como si todo aquello le ocurrió a alguien que yo conocía antes, porque ahora ya no soy una víctima desamparada. Soy una nueva persona en Cristo, y así usted lo es también. Somos más que vencedores en Cristo, quien nos amó (Romanos 8:37).

La Palabra de Dios nos enseña a no dar lugar al diablo (Efesios 4:27). Podemos darle lugar de muchas formas. Efesios 4:27 habla específicamente de aferrarnos al enojo y de rehusar perdonar como una forma en la que damos lugar al diablo, pero las malas actitudes pueden

> *No podía mantener mis malas actitudes y a la misma vez tener el poder de Dios.*

producir los mismos resultados. Durante muchos años, incluso siendo cristiana, tuve una actitud de amargura, autoconmiseración y rencor mientras Dios me ofrecía poder. Pero me di cuenta de que no podía mantener mis malas actitudes y tener también su poder. Tenía razones para sentir lástima de mí misma, y quizá usted también las tenga, pero no tenemos derecho a sentirnos así porque Jesús murió por nosotros para liberarnos del pasado y permitirnos vivir vidas nuevas.

Satanás atormenta

Muchos de los temores y fobias que la gente experimenta están diseñados solamente para atormentarlos. Hay tantos tipos de fobias que no hay forma de enumerarlas, pero cada una parece muy real para la persona que la sufre. Solo por nombrar algunas, tenemos temor a hablar en público, a las alturas, a los espacios pequeños, a las multitudes, a los payasos, a los gérmenes, a la oscuridad, a las tormentas, a las serpientes y las arañas. Jerry Seinfeld dijo una vez: "Uno de los grandes misterios para mí es el hecho de que una mujer pueda ponerse cera caliente en sus piernas, arrancarse el vello de raíz y a la vez tener miedo de una araña".

Algunas fobias son especialmente atípicas, como la nomofobia, que es el miedo a estar sin el teléfono celular o no poder usar los aparatos celulares. Me siento muy mal por las personas que están tan atormentadas por algunos de estos miedos, pero creo que la única manera de vencerlos es confrontarlos. Algunas personas necesitan consejería o terapia de un profesional. Sea lo que sea que usted necesite, le insto a no tolerar el miedo y permitir que le controle.

Dios quiere bendecirle, y quiere que tenga paz y gran gozo. Cuando sienta temor, ponga inmediatamente su confianza en Dios, ¡y hágalo con miedo!

Resista su miedo: el miedo nunca le llevará a un final positivo. Vaya por su fe y lo que cree.

T. D. Jakes

Enfrentar el miedo juntos

Desde que puedo recordar, tenía miedo a la oscuridad. De niña y adolescente estaba en la cama petrificada, escuchando ruidos. Una y otra vez gritaba llamando a mis padres, obligándolos a mirar por toda la casa y asegurarme que todo estaba bien.

Cuando finalmente conseguía quedarme dormida, no era mucho mejor. A menudo era atormentada con pesadillas, despertándome con pánico.

Seguía diciéndome: *Tranquila, todo esto desaparecerá cuando sea mayor.* Pero no fue así. Cada noche, incluso de adulta, me convertía en esa niña de ocho años, metiéndome debajo de las sábanas y escuchando ruidos.

Mi miedo a la oscuridad me siguió hasta mis treinta años. Incluso ya casada, rutinariamente despertaba a mi esposo, Tom, para que mirara por la casa e intentara calmar mis temores. Era humillante, pero no sabía qué otra cosa hacer.

Entonces, cuando pensaba que no podía ser peor, a Tom le pidieron que trabajara de noche en su empleo. Tuve que enfrentarme cara a cara con mi mayor miedo: estar sola en la oscuridad.

En torno a ese tiempo comencé a desarrollar una relación más íntima con Dios. Le pregunté qué debería hacer con mi miedo tan intenso. Nunca olvidaré lo que Él habló a mi corazón: "Enfrentaremos juntos el miedo a la oscuridad".

El Señor me llevó a comenzar a memorizar versículos sobre el temor. Por la noche, mientras me sentaba en la cama, oraba en el Espíritu y declaraba en voz alta varios versículos: "Pues Dios no nos ha dado un espíritu de timidez, sino de poder, de amor y de dominio propio. Al acostarte, no tendrás temor alguno; te acostarás y dormirás tranquilo" (2 Timoteo 1:7; Proverbios 3:24).

Seguí orando, llenando mi mente con su Palabra, y la declaraba todas las veces que podía. Gradualmente, Dios hizo un milagro y rompió el poder del miedo que había sido mi compañero por tanto tiempo. Tras todos esos años, finalmente pude decir: "No tengo miedo a la oscuridad".

—Donna

CAPÍTULO 7

El antídoto para el temor

En el amor no hay temor, sino que el amor perfecto echa fuera el temor. El que teme espera el castigo, así que no ha sido perfeccionado en el amor.

1 Juan 4:18

Usted ha leído que una razón por la que no debemos tener miedo es que sabemos que Dios siempre está con nosotros. Otra razón importante por la que no tenemos que vivir con temor es que Dios nos ama de forma perfecta. Mientras permitamos que el miedo nos controle, tendremos que seguir aprendiendo sobre el amor de Dios por nosotros, y también experimentarlo.

Como Dios nos ama, Él siempre cuidará de nosotros y nos ayudará. Podemos tener confianza y seguridad al saber que Él nos ama todo el tiempo, en cada situación. El apóstol Pablo dijo que deberíamos estar tan arraigados en el amor de Dios que nada, por muy malo que parezca, pueda separarnos de Él:

¿Quién nos apartará del amor de Cristo? ¿La tribulación, o la angustia, la persecución, el hambre, la indigencia, el peligro, o la violencia? [...] Sin embargo, en todo esto somos más que vencedores por medio de aquel que nos amó. Pues estoy convencido de que ni la muerte ni la vida, ni los ángeles ni los demonios, ni lo presente ni lo por venir, ni los poderes, ni lo alto ni lo profundo, ni cosa alguna en toda la creación podrá apartarnos del amor que Dios nos ha manifestado en Cristo Jesús nuestro Señor.

Romanos 8:35, 37-39

Notemos que Pablo dijo que estaba "convencido" de que nada podría separarnos del amor de Dios. Podemos estar seguros de eso. Pensar a menudo en lo mucho que Dios le ama le ayudará a enfrentar los miedos en su vida. Es fácil decirles a otros que Dios los ama, pero es más difícil cuando pensamos en el amor de Dios por nosotros. El diablo, sin duda alguna, no quiere que conozca el perfecto amor de Dios que fluye continuamente hacia usted porque sabe que le hará fuerte, valiente, seguro y confiado.

Inseguridad

Las personas inseguras están enfocadas en sí mismas. Están continuamente preocupadas por lo que otros pensarán de ellas, y los miedos que experimentan son innumerables. No pueden desarrollar buenas relaciones porque están ocupadas intentando impresionar a otras personas en vez de ser buenos amigos para ellas.

Realmente me entristece cuando trato con una persona que es insegura, porque todo lo que hace, piensa y decide está influenciado por sus inseguridades. Rechaza oportunidades por miedo a la ineptitud, y sus inseguridades hacen que otras personas duden de poder depender de ellos. La cura para la inseguridad es recibir el amor de Dios. Es como un ungüento curativo que sana el alma (la vida

> *La cura para la inseguridad es recibir el amor de Dios.*

interior), y personalmente pienso que es lo único que puede hacer eso. Todos queremos ser amados, pero a menudo buscamos el amor en los lugares equivocados a la vez que ignoramos el amor de Dios, el cual está siendo derramado sobre nosotros todo el tiempo (Romanos 5:5).

Como cristianos, puede que oigamos frecuentemente que Dios nos ama, pero ¿realmente estamos escuchando y entendemos el asombroso poder de su amor? Entender algo con nuestra mente es bastante distinto a oírlo con nuestro corazón y en verdad creerlo y recibirlo. Recuerdo estar de pie frente a un espejo, mirarme a los ojos, y decir en voz alta: "Joyce, ¡Dios te ama!". Pensaba en estas palabras y las decía sobre mí misma hasta que la verdad se convirtió en una realidad en mi vida.

Cuando sus oraciones no han recibido la respuesta que usted esperaba, o cuando ha experimentado el dolor, la pérdida o la tragedia, ¿alguna vez ha dicho: "Dios, ¿ya no me amas?"? Sé que yo lo he hecho, y puede que usted también, pero ya nunca digo eso porque sé que nada puede separarnos del amor de Dios.

Cuando somos inseguros tenemos multitud de temores, muchos de los cuales son sobre nosotros mismos. La relación que tenemos con nosotros mismos es vitalmente importante, y deberíamos priorizar que esa relación fuera saludable, porque si no nos gusta cómo somos y nos sentimos culpables la mayor parte del tiempo debido a nuestras imperfecciones, eso hará que nunca podamos disfrutar la vida plenamente. Incluso llegaría a decir que deberíamos amarnos a nosotros mismos.

Cuando hago esta afirmación, la mayoría de la gente levanta un muro e inmediatamente piensa que eso refleja una actitud egoísta y egocéntrica que no puede estar bien. La religión nos ha enseñado tanto sobre ser

> *La religión nos ha enseñado tanto sobre ser pecadores, que puede que no recordemos que también se nos ha perdonado.*

pecadores, que puede que no recordemos que también se nos ha perdonado y que hemos sido hechos nuevos en Cristo. Por supuesto que debería dolernos nuestro pecado y deberíamos intentar vencerlo, pero incluso en medio de nuestros peores momentos Dios nos sigue amando. Recibir su amor significa que nos amamos de una forma balanceada, no de una forma egoísta o egocéntrica.

Tuve una amiga que se odiaba a sí misma, y recuerdo una vez cuando le pidió al pastor de nuestra iglesia que orara por ella. Cuando él le preguntó por qué necesitaba oración, ella respondió: "Me odio". El pastor dio un par de pasos hacia atrás, le miró y dijo: "¿Quién te crees que eres? No tienes derecho a odiarte, porque Jesús sufrió grandemente por el amor que te tiene. Una forma de darle gracias es recibir su amor y amarte a ti misma".

Debemos ser desinteresados y desear siempre ayudar a otros, pero podemos hacer eso y a la vez seguir amándonos correctamente. De hecho, me doy cuenta de que mientras más me valoro y estoy en paz conmigo misma, más quiero olvidarme de mí y ayudar a quienes tienen necesidad. Le animo a hacer las paces con usted mismo y apreciar la persona tan particular que Dios creó al formarle tal como es.

Hay una diferencia entre estar enamorados de nosotros mismos y amarnos a nosotros mismos porque Dios nos creó y nos ama con un amor perfecto. Amarse es recibir el amor de Dios. Él nos valora y quiere que nos valoremos. ¿Alguna vez ha intentado hacer un halago a alguien que no tiene la capacidad de recibir sus palabras amables de manera humilde y darle gracias? Yo sí, y es como si te dieran una bofetada. Me imagino que a Dios también le duele cuando derrama su amor sobre nosotros y no lo recibimos porque no creemos que lo merecemos.

La razón por la que Jesús vino para redimirnos es que nunca podemos ser lo suficientemente buenos para merecer el amor

de Dios. La Biblia dice que su amor ha sido *derramado* libre-
mente sobre nosotros mediante su Espíritu Santo (Romanos
5:5). El profeta Malaquías dijo que Dios derrama sus bendiciones (Malaquías 3:10). Podemos ver que Dios no es tacaño, y
lo único que quiere que hagamos es que lo amemos y abramos
nuestro corazón para recibir su bondad y amor.

Quizá piense que necesita portarse mejor y pecar menos
para que Dios pueda amarlo o bendecirlo, pero la verdad es que
mientras más reciba el amor de Dios, más le amará usted a Él a
cambio. Entonces, por ese amor querrá obedecerlo. No obedecemos a Dios para que nos ame, sino como respuesta al hecho de
que Él nos ama mucho, aunque no lo merecemos en absoluto.

He vivido situaciones con algunas amigas, y con mis hijos y
nietos, en las que, por una razón u otra, incluso algo tan simple
como un grano les ha hecho sentirse realmente mal con ellos
mismos. Cuando se sintieron así, realmente me dolió. Intenté
una y otra vez convencerlos de que eran maravillosos, especiales, valiosos y amados, pero estaban tan ensimismados en sus
faltas que rehusaron creerme. Cuando comparo esas experiencias con cómo se debe sentir Dios, me siento triste por Él porque
muchos de sus hijos rechazan su amor.

Reciba el amor de Dios y deje que Él sane todas sus inseguridades y le dé la valentía para hacer frente a la vida con valor y hacer
todo lo que tenga que hacer, aunque tenga que hacerlo con miedo.

¿Está enojado con usted mismo?

Conozco una mujer que siempre estaba enojada por una cosa u
otra. Aunque parecía estar enojada con otras personas, en realidad estaba enojada consigo misma. Estar con ella era incómodo
y hacía que la gente estuviera tensa. Era una perfeccionista con
una lista de cosas que esperaba de sí misma, y siempre que no
estaba al nivel de sus expectativas, se enojaba. Se sentía mal

consigo misma a menos que tuviera éxito en todo lo que hacía y fuera capaz de completar cada punto de su lista de quehaceres cada día. También se sentía bien y orgullosa en las pocas ocasiones en las que lograba todo lo que tenía en su lista y se comportaba todo el día de una manera ejemplar. Pasaba del orgullo a la culpabilidad: orgullo si lo hacía bien y culpabilidad si no lo hacía. ¿Le suena familiar? Muchas personas se presionan del mismo modo que ella lo hacía hasta que finalmente se dan cuenta de que no pueden comprar el amor y la aprobación de Dios, porque por muy perfectos que podamos pensar que somos, siempre nos falta algo. Jesús murió por nosotros cuando aún estábamos en pecado, así que podemos ver que no hicimos nada para merecer su amor (Romanos 5:6-8).

> Pero Dios, que es rico en misericordia, por su gran amor por nosotros, nos dio vida con Cristo, aun cuando estábamos muertos en pecados.
>
> Efesios 2:4-5

El amor de Dios es un regalo, y el hecho de que nos ama tanto que envió a su único Hijo, Jesús, a pagar por nuestros pecados y sufrir en nuestro lugar es prueba de ese amor.

Entiendo lo de no gustarse a uno mismo y ser inseguro, porque yo fui así en un tiempo. No parecía ser una persona insegura, pero en mi mente y corazón lo era. Necesitaba que mi esposo siempre me pusiera la primera en todo en su vida y que quisiera estar conmigo constantemente. Como resultado, él se sentía ahogado y manipulado. La persona que parecía ser ante el mundo que me rodeaba no era verdaderamente la persona que era en realidad, y podía cambiar rápidamente según lo que la gente esperara de mí.

Recuerdo que Dave me preguntó una vez: "¿Por qué eres una persona totalmente distinta cuando tu papá está presente?". Yo ni siquiera era consciente de que hacía eso, pero él tenía razón. Cambiaba mi conducta cuando estaba con mi padre porque era miedosa e insegura con él. Nunca le había confrontado con respecto a su pecado contra mí, y tenía que hacerlo para ser libre para ser yo misma cuando tuviera que estar con él. Al final lo hice, pero tardé mucho hasta que estuve dispuesta a hacerlo, e incluso cuando lo hice fue temblando y con gran temor a cuál pudiera ser su reacción. Definitivamente puedo decir que lo hice con miedo. Aunque su reacción no fue positiva, fue un paso hacia delante, y simplemente confrontar el miedo que le tenía debilitó ese temor. Hablé con él sobre el abuso de nuevo en otra ocasión, y finalmente pudo arrepentirse y recibir a Jesús como su Salvador.

Seguros en Cristo

Dios nos ofrece seguridad en Él. Este versículo es un buen ejemplo de esa promesa.

> Y me hizo sacar del pozo de la desesperación, del lodo cenagoso; puso mis pies sobre peña, y enderezó mis pasos.
> Salmos 40:2, RVR1960

Dios es nuestro libertador, pero no podemos ser librados de algo si nos negamos a admitir que es un problema o si lo usamos como una muleta para controlar a otras personas. He escuchado a demasiadas personas usar la frase "no puedo evitarlo, soy inseguro" como una excusa para no actuar cuando deberían. Nunca seremos libres de todo aquello a lo cual sigamos dando excusas.

Nunca seremos libres de todo aquello a lo cual sigamos dando excusas.

Cuando recibimos a Jesús como nuestro Salvador, no es

meramente para poder ir al cielo cuando muramos, sino también para poder vivir en libertad y victoria mientras estemos aquí en la tierra. Dejar que Dios nos libere del pasado y nos sane es una forma de glorificar su nombre. Nos convertimos en trofeos de su gracia. Él es un experto en sanar a los quebrantados de corazón y hacer que el miedoso se vuelva valiente.

El apóstol Pedro era tan inseguro y temeroso que, cuando se vio amenazado, negó tres veces que conocía a Cristo (Lucas 22:54-62). Pero, más adelante, cuando el Espíritu Santo vino sobre él, predicó valientemente en las calles de Jerusalén y unas tres mil personas fueron añadidas a la iglesia ese día (Hechos 2:41). ¡Qué cambio tan magnífico! Demuestra cuán cobardes podemos llegar a ser si dependemos de nosotros mismos y cuán valientes podemos ser si dependemos de Jesús y de su gracia.

Usted seguirá siendo tímido y miedoso el resto de su vida a menos que decida ser agresivo contra el miedo y la inseguridad y se niegue a ser cualquier otra cosa que no sea lo que Dios quiere para usted. Usted es fuerte en el Señor y en el poder de su fuerza (Efesios 6:10). Comience a verse como alguien fuerte en lugar de débil y miedoso, inseguro y tímido. Véase como alguien que es amado incondicionalmente, valorado y precioso ante los ojos de Dios. Lo que usted crea de usted mismo es muy importante. Por mucho que Dios haya hecho por nosotros, si no lo creemos, nunca lo reclamaremos como nuestro. Recibimos de Dios mediante la fe y creyendo en su Palabra, y recibimos del diablo mediante el miedo y la inseguridad.

No es la voluntad de Dios que usted sea una persona insegura. La inseguridad no forma parte de su personalidad, ni es algo con lo que tenga que conformarse. Aprenda lo mucho que

> *No es la voluntad de Dios que usted sea una persona insegura. La inseguridad no forma parte de su personalidad, ni es algo con lo que tenga que conformarse.*

Dios le ama, porque es la cura para el inseguro, y le hará ser valiente.

El amor de Dios no se da en varios grados según nuestro nivel de la así llamada perfección. Dios es amor. Él nos ama porque es bueno y porque quiere. Al margen de lo que usted haga, eso no impedirá que Dios lo ame. Quizá le impida recibir su amor, pero su amor está siempre presente para sanar y liberar, pase lo que pase.

El hombre valiente no es el que no siente el miedo, sino el que vence ese miedo.

Nelson Mandela

Cantar en medio del miedo

El miedo parece llegar en los momentos más extraños, de las formas más extrañas. Por ejemplo, si alguien me hubiera dicho hace veinte años (cuando tenía tan solo dieciocho) que un día me daría miedo cantar, ¡no lo habría creído!

En ese entonces vivía en Indonesia, donde nací y me crié. Crecí cantando en el coro, y me encantaba hacerlo. Incluso pasé a cantar profesionalmente, trabajando con grupos de música populares y actuando en televisión. Lo de cantar lo llevaba en la sangre.

Cuando tenía unos veinte años me mudé a los Estados Unidos, donde conocí a mi esposo. Finalmente tuvimos a nuestra preciosa hija, y por años dejé lo de cantar en un segundo plano.

Hace unos años, Dios comenzó a hablar a mi corazón sobre cantar y dirigir la alabanza. Me mostré extremadamente reticente. Le dije a Dios: "Si quieres que haga eso, el pastor mismo tendrá que venir y pedírmelo".

Por supuesto, ya se imaginará lo que ocurrió después. Un día después de la iglesia, mi pastor se me acercó y me dijo: "Me he enterado de que sabes cantar. ¿Estarías interesada?".

Le dije que sí, pero me quedé *petrificada*. Hacía años que no cantaba, y era aprensiva con lo de volver a hacerlo. Además, una cosa es cantar una canción pop, pero dirigir la alabanza era algo totalmente distinto.

Durante los dos años siguientes, dirigí la alabanza de distintas formas en mi iglesia, *y eso cambió por completo mi vida*. Para empezar, fue el comienzo de una relación más profunda y plena con Dios.

Pero esa decisión valiente de estar ahí de pie en la plataforma, cuando no sabía si fallaría o tendría éxito, también me dio una seguridad nueva en otras áreas. Poco después tomé una decisión valiente en el trabajo al aceptar un papel nuevo y con mayores retos. Esa decisión después me condujo a oportunidades incluso mayores.

Sinceramente puedo decir que no soy la mujer que solía ser. Soy más valiente, más segura de mí misma y más apta para intentar cosas nuevas. Y todo comenzó cuando decidí hacerlo con miedo, y cantar.

—Melanie

CAPÍTULO 8

Vivir valientemente

El malvado huye, aunque nadie lo persiga; pero el justo vive confiado como un león.

Proverbios 28:1

No hay falta de suministro en el cielo, y Dios no está en recesión. Él tiene más que suficiente para cualquier cosa que necesitemos. Job dijo: "¡Tan grande es Dios que no lo conocemos!" (Job 36:26).

Con mucha frecuencia, cuando estamos ante un reto o una oportunidad de hacer algo que nunca antes hemos hecho, nos preguntamos si pensamos que podemos hacerlo; pero esta es una pregunta totalmente errónea. Lo que deberíamos preguntar es: "Dios, ¿puedes hacerlo?". Dios no nos pide que hagamos cosas; nos pide que le dejemos hacer cosas a través de nosotros.

Le puedo asegurar que puede hacer cualquier cosa que Dios le pida hacer, por muy difícil que sea o la poca experiencia que usted tenga, si mantiene sus ojos en Él y se da cuenta de que Él es más que suficiente. No deje que el diablo le robe sus bendiciones mediante el temor. Lo que es imposible para los seres humanos es posible para Dios (Lucas 18:27).

Ningún ojo ha visto, ningún oído ha escuchado, ninguna mente ha imaginado lo que Dios tiene preparado para quienes lo aman.

1 Corintios 2:9, NTV

Este versículo nos dice que no podemos ni siquiera comenzar a imaginar lo mucho que Dios quiere hacer por nosotros y a través nuestro si le amamos y le creemos. La fe nos lleva a la valentía, y la valentía conduce al éxito. La respuesta al miedo es la valentía. El miedo llegará, pero la valentía puede ahuyentarlo. Pedro tuvo que salir de la barca para caminar sobre el agua (Mateo 14:29). Josué y los sacerdotes tuvieron que poner sus pies en el río Jordán antes de que sus aguas se separaran (Josué 3:5-17). Y usted y yo a menudo tendremos que dar pasos de acción, aunque sintamos miedo. Con cada paso valiente que damos, nos acercamos más a la consecución de nuestra meta.

El apóstol Pablo oró para que los creyentes en Éfeso fueran iluminados para poder entender la grandeza del poder de Dios hacia ellos (Efesios 1:18-19). Todos tenemos que hacer eso. Pablo no oró para que los creyentes no tuvieran desafíos ni oposición; oró para que conocieran y entendieran el poder que tenían a su disposición por medio de Cristo. Todos hemos escuchado historias sobre una persona que vivía como un pobre, pero cuando murió, encontraron un millón de dólares en efectivo escondido en su colchón. Asegurémonos de no ser

> *Niéguese a no hacer nada, ¡porque hay poder disponible para hacer cualquier cosa!*

como el millonario que vivía como un pobre, teniendo todos los recursos de Dios disponibles, pero actuando como si tuviéramos muy poco. Le animo a negarse a no hacer nada, ¡porque hay poder disponible para hacer cualquier cosa!

Dios puede hacer mucho más de lo que podamos pedir, pensar o imaginar mediante su poder que actúa en nosotros (Efesios 3:20). Por favor, notemos que este versículo dice que Dios lo hace mediante su poder que actúa *en* nosotros. Dios no lo hace por nosotros.

Hasta que veamos y entendamos que el poder de Dios, no

nuestra fortaleza humana, está actuando, estaremos limitados a la hora de hacer lo que pensamos que tenemos capacidad para hacer y nos detendremos ahí. Pero con Dios como nuestro colaborador en la vida, todo es posible. No solo es posible para nosotros hacer grandes cosas, sino que también es posible hacer cosas difíciles.

Conozco a una pareja joven con dos pares de gemelos, y los dos mayores son niños que tienen autismo. Continuamente me asombro de cómo hacen lo que hacen. Conozco a otra pareja encantadora que tiene un niño con necesidades especiales que exige un cuidado continuo, y de nuevo me maravillo de su capacidad. A menudo veo a esas personas pasar por cosas muy difíciles, y digo o pienso: "No sé cómo pueden hacerlo". No solo lo hacen, sino que lo hacen con una sonrisa en su rostro. No se quejan, y aunque su vida esté muy ocupada encuentran tiempo para ayudar a otros.

Recientemente oí un mensaje que dio una mujer que tuvo una apoplejía grave que le dejó todo su lado izquierdo con problemas físicos. Su vida era muy complicada, pero ella insistía en que era buena.

¿Cómo lo hacen?

¿Cómo lidia la gente con situaciones tan difíciles? A veces no me puedo pasar ni unas cuantas horas sin quejarme por algo tan pequeño que es ridículo, pero otras veces he pasado por circunstancias muy difíciles y nadie se enteró de aquello salvo los más cercanos a mí.

La respuesta a cómo algunas personas hacen lo que hacen es esta: por la gracia (poder) de Dios. Gracia es capacitación, habilidad y favor divino. Es Dios haciendo algo por nosotros o ayudándonos cuando no lo merecemos. Gracia es unción, favor de Dios, y el poder del Espíritu Santo para suplir nuestras debilidades e ineptitudes. El apóstol Santiago dijo que Dios nos da gracia y más gracia (Santiago 4:6). En otras palabras, Él nunca se queda sin gracia, pero a veces dejamos de recibir la gracia que tenemos a nuestra disposición. Podemos tener toda la gracia que necesitemos, y Él seguirá teniendo más que suficiente. Dios quiere ayudarle. ¿Por qué no dejar que Él lo haga?

Recibimos la gracia mediante la fe, no mediante el temor. Podríamos decir que la fe es nuestra conexión con el poder de Dios. Es por la gracia mediante la fe que somos salvos (Efesios 2:8), y de la misma manera en que somos salvos es como necesitamos vivir nuestra vida

> *La fe es nuestra conexión con el poder de Dios.*

cotidiana. La fe no compra las bendiciones de Dios. La fe es la mano que se estira y recibe aquello que Jesús pagó y nos ofrece gratuitamente.

Para ayudarle a entender esto, piense en una lámpara. La corriente que necesita la lámpara para funcionar está en el enchufe de la pared. La lámpara en sí misma no tiene corriente eléctrica; solo funciona cuando se conecta. Si intentamos encenderla antes de enchufarla, no significa que no haya corriente. Simplemente significa que la lámpara no está conectada. La lámpara puede proporcionar toda la luz que necesitamos, pero se debe enchufar a la toma de corriente y encenderla después.

¿Está desenchufado?

La ampliación de la palabra *fe* en Colosenses 1:4 es "apoyar por completo toda la personalidad humana sobre Dios con la absoluta confianza y seguridad en su poder, sabiduría y bondad". Me encanta esta explicación. Me dice que Dios es suficientemente poderoso para hacer cualquier cosa y que es lo suficientemente sabio para saber cómo hacerlo y suficientemente bueno para querer hacerlo incluso para los que no lo merecemos. ¿Cuál es nuestra parte? Apoyarnos en Dios, confiar por completo en Él, humillarnos, pedir, y saber que separados de Jesús no podemos hacer nada (Juan 15:5). No somos nada en nosotros mismos, y a la vez lo somos todo en Cristo.

Una vez que verdaderamente ve quién es usted en Cristo y reconoce el poder que tiene disponible por medio de Él, ya no permitirá que el miedo dirija su vida y sus decisiones. Le animo a comenzar su día con Dios y darse cuenta cada mañana de que usted no es nada sin Dios y que es una tontería intentar hacer en sus propias fuerzas lo que tiene que hacer ese día. Quizá lo consiga, pero no lo disfrutará, y al final del día estará agotado.

Dios tiene un plan mejor. Él le invita a entrar en su descanso poniendo su fe en Él (Mateo 11:28). El tipo de descanso que Él ofrece no es un descanso *del* trabajo; es un descanso *mientras* trabajamos.

En un punto del ministerio del apóstol Pablo, dijo que trabajaba más que nadie pero que no era él quien lo hacía. La gracia de Dios obraba en él y por medio de él. Obviamente, Pablo tomaba decisiones, actuaba y no dejaba que el miedo lo detuviera, pero también sabía que nada de lo que él hacía era posible sin la gracia de Dios. Pablo se mantenía enchufado. Usted y yo tenemos la misma oportunidad que él tenía. Podemos asegurarnos también de mantenernos conectados al poder de Dios.

Creyentes con cortocircuito

Algunas personas piden el poder y la gracia de Dios, y después los pierden o bloquean. ¿Qué hace que su poder sufra un cortocircuito? Pensémoslo de esta forma: cuando hay un cortocircuito en un cable, significa que la corriente que debería ir al equipo que uno quería se desvió a otro lugar por un problema en el cableado.

También podríamos pensar en esto en términos de que se funda un fusible o salte un interruptor. Creo que esto les sucede a algunos creyentes. ¿Por qué? Si usted se queda sin corriente en un enchufe en su casa, puede que se haya fundido un fusible o se haya saltado un interruptor, y el fusible hay que cambiarlo o volver a encender el interruptor antes de que la corriente vuelva. En nuestras vidas cotidianas, si la corriente deja de fluir puede que tengamos que hacer algún cambio porque algo está impidiendo que fluya. Varias cosas pueden hacer que la corriente de Dios tenga un cortocircuito en nuestra vida. Hay muchos más de los tres ejemplos que siguen, pero creo que entenderá lo que quiero decir con estos tres.

1. Queja

Quizá las personas piden poder o gracia para lograr ciertas tareas difíciles. La reciben, y las cosas van bastante bien, pero empiezan a quejarse por lo que tienen que hacer para terminar la tarea. La gracia tiene la intención de mostrar la bondad de Dios y provocar agradecimiento en el corazón de los que la reciben. Cuando eso no ocurre, podemos causar un cortocircuito en el poder de Dios. Si quiere que el poder siga fluyendo, tendrá que mantenerse agradecido. "Entren por sus puertas con acción de gracias" (Salmos 100:4, NTV). Una vida agradecida es una vida poderosa.

Una actitud de gratitud es lo que reconocí en la mujer que tuvo la apoplejía y predicaba un mensaje sobre su buena vida, aunque era difícil. Aunque su vida es complicada y hay muchas cosas que no puede hacer, está agradecida por cada cosa que sí puede hacer. No tiene una actitud gruñona, sino de agradecimiento. Eso mantiene el poder fluyendo por su vida. Ser agradecidos es probablemente una de las cosas más poderosas que podemos hacer, y es muy fácil olvidarse de ello.

Pablo enseñó a los creyentes no intentar hacer cosas, ni siquiera cosas como crecer espiritualmente, en su propia fuerza, sino a dejar que Dios les ayudara continuamente. Continuó animándolos a hacer todas las cosas sin quejas, críticas o protestas (Filipenses 2:12-14).

El libro de Daniel, en el Antiguo Testamento, cuenta la historia de un joven llamado Daniel, que recibió mucho poder. Tuvo el poder para no comprometer sus creencias incluso cuando su vida estaba en peligro (Daniel 1:8; 6:11-12), y tuvo el poder para permitir que lo arrojaran al foso de los leones, confiando en que Dios cuidaría de él (Daniel 6:16-23). Pero Daniel también tenía el hábito de postrarse tres veces al día y dar gracias a Dios en voz alta con sus ventanas abiertas (Daniel 6:10). Incluso cuando fue amenazado con ser comida para los leones, siguió haciendo exactamente lo que siempre había hecho y oraba tres veces al día, dando gracias a Dios. No se acobardó en temor ni se rindió por las amenazas. Era un hombre de fe y un hombre agradecido, y esas dinámicas espirituales lo ayudaron.

2. Sentimientos de autocompasión

Sentir lástima por nosotros mismos cuando nos piden hacer cosas difíciles también puede provocar un cortocircuito en nuestra capacidad para recibir el poder de Dios. Podemos ser poderosos o lastimeros, pero no podemos ser las dos cosas a la vez. La autocompasión es como la idolatría, porque nos hace mirar hacia adentro y enfocarnos en cómo nos sentimos y cuán injusta creemos que es la vida con nosotros.

La calidad de la vida de cualquier persona, en buena parte, depende de la perspectiva de dicha persona. Por ejemplo, dos personas pueden hacer frente a una reparación costosa e inesperada. Una puede sentir lástima de sí misma, quejarse y enojarse, mientras que la otra da gracias a Dios por tener el dinero para arreglarlo. Aunque ambas personas tienen el mismo problema, el *problema* no determina la calidad de sus vidas sino su *perspectiva* del mismo.

Su actitud es de usted, y nadie puede obligarle a tener una mala actitud por nada si usted no quiere. Aunque quizá pase por algo difícil y aparentemente injusto, sentir lástima por usted mismo solo empeorará las cosas. La autocompasión conduce al desánimo y a menudo a la depresión. También puede hacer que la gente sea celosa y envidiosa de las personas que no tienen el problema que ellos tienen. ¿Puede usted alegrarse por alguien que está siendo bendecido mientras usted está sufriendo?

> *¿Puede usted alegrarse por alguien que está siendo bendecido mientras usted está sufriendo?*

3. Codiciar la gloria

Algunas personas reciben la gracia de Dios (poder, favor, ayuda, capacitación, habilidad), y hacen grandes cosas o tienen éxito logrando algo difícil. Al principio están agradecidos, pero después de un tiempo empiezan a darse el mérito por lo que Dios ha hecho.

Tenemos un gran ejemplo de esto en el libro de Daniel. El rey de Babilonia se hizo muy grande debido a la gracia de Dios, y regularmente le daba la gloria y el mérito a Dios por su éxito. Pero, después de un tiempo, construyó un monumento para sí mismo y comenzó a alardear de todos sus logros. Como resultado, perdió su reino y vivió como un animal salvaje hasta que finalmente se humilló y se arrepintió de su pecado. Apropiarse de la gloria que le pertenece a Dios definitivamente obstaculizará el fluir del poder de Dios en nuestra vida.

Dios habló por medio de Isaías diciendo que Él no daría

su gloria a nadie (Isaías 48:11). El apóstol Pablo dijo que ningún hombre mortal debería gloriarse en la presencia de Dios
(1 Corintios 1:29). Y David dijo en el Salmo 36:11: "No permitas
que los orgullosos me pisoteen" (NTV).

Cuando el orgullo le persiga, corra a Dios y comience a darle
gracias por la gracia que le ha dado. El orgullo hará que los
creyentes tengan un cortocircuito en su poder. Hay, claro está,
muchas otras formas de provocar un cortocircuito en nuestro poder. El pecado oculto de cualquier tipo lo hará. Le recomiendo encarecidamente que, si Dios está tratando con usted
con respecto a algo, se arrepienta enseguida y le obedezca. Dios
solo tiene en mente los mejores intereses para nosotros, y por
fortuna su Espíritu Santo está en nosotros para ayudarnos si lo
seguimos diligentemente.

Manténgase enchufado a su fuente de poder, ¡y se sorpren-
derá de lo que Dios puede hacer a través de usted!

PARTE 2

Confronte el miedo

Fe es subir el primer peldaño, aunque no veamos toda la escalera.

Martin Luther King Jr.

Cuando mis miedos se fueron a volar

Durante años permití que el miedo me robara lo mejor de mí. Tenía miedo a que me ocurriera algo malo, miedo a hacerme daño, e incluso miedo a salir de casa. Pero, principalmente, *tenía miedo a volar*.

Viajé en avión varias veces cuando era más joven. Estuvo bien por un tiempo, pero después me entró el pánico. Mis ojos se llenaban de lágrimas, y luchaba solo para poder respirar.

Cuando me casé y tuve hijos, dejé de volar del todo. En mi mente, había demasiado en riesgo en caso de que me sucediera algo. Por fortuna, tengo un esposo paciente. Para evitar viajar en avión, tomábamos la ruta pintoresca y conducíamos miles de kilómetros en las vacaciones familiares.

Tras diez años de hacer eso, algo dentro de mí se encendió. Pensé: *Michele, ¿quieres seguir perdiéndote las cosas? Puedes seguir cediendo a tus temores, pero ¿qué tipo de vida es esa?*

Dios es mi fortaleza, y nunca podría hacer nada sin Él. No obstante, Él me ayudó a darme cuenta de que no me va a obligar a hacer algo, que yo tengo que dar el primer paso.

Pensé: *Este primer paso va a ser extraordinario.* Planeamos el viaje, compré los boletos, y claro, llegó el día del vuelo. Tenía miedo, pero eso era algo que tenía que hacer si quería ser libre.

En el aeropuerto, cuando llamaron a nuestro grupo para embarcar comencé a tener pánico. De repente faltaba el aire en la sala. Pero me levanté y comencé a caminar, paso a paso, hasta que estaba de pie en el avión. No puedo decir que disfruté ese primer vuelo, pero sabía que había pasado lo peor.

Poco a poco, también fui ganando confianza para intentar cosas a las que siempre había dicho no porque tenía miedo. Sigo teniendo días en los que el miedo intenta detenerme, pero una vez que doy el primer paso se hace mucho más fácil, *y mi mundo se expande un poquito cada vez más.*

—Michele

CAPÍTULO 9

Vaya paso a paso

El Señor afirma los pasos del hombre cuando le agrada su modo de vivir.

Salmos 37:23

A medida que lee este libro, puede que piense en algún tipo de miedo que le está suponiendo algún obstáculo y que le encantaría conquistar. Le encantaría "hacerlo con miedo", pero al mismo tiempo quizá se sienta agobiado tan solo de pensar en dar ese paso. Si es así, lo entiendo. Yo me sentía igual cuando Dios me dijo que se acercaba el momento en el que tendría que confrontar a mi padre por cómo había abusado sexualmente de mí. También estaba reticente cuando Dios me pidió que dejara mi empleo y estudiara para el ministerio, aunque eso tan solo era un sueño en mi corazón. Podría nombrar otras muchas situaciones parecidas, así que créame, entiendo que el miedo puede ser muy controlador. Tan solo pensar en confrontar el miedo, ¡da miedo!

Creo que la mejor manera de conquistar cualquier cosa es ir paso a paso sin pensar en todos los demás pasos que tendremos que dar después. Dios nos da su gracia día a día, y eso se debe a que quiere que confiemos en Él. La Palabra de Dios nos enseña que Él nos libra de nuestros enemigos poco a poco (Deuteronomio 7:22). Yo no dejé de tener miedo a mi padre inmediatamente después de haberlo confrontado. Pero al persistir durante varios años haciendo lo que sentía que Dios quería que hiciera en vez de lo que el miedo me decía, conseguí pequeñas victorias de manera regular hasta que verdaderamente pude decir que fui casi libre. Digo "casi" porque, verá, aún tengo un miedo que ha estado persiguiéndome desde que tengo uso de razón, y Dios y yo estamos trabajando juntos para vencer este también.

Entiendo que a la mayoría de las personas les gustaría intentar orar para alejar su miedo. "Dios, por favor líbrame de este temor para que pueda hacer lo que tú quieres que haga", dicen. Yo intenté eso durante años, pero Dios no respondió esa oración. Él respondió cuando empecé a orar de esta forma: "Dios, por favor dame la valentía para hacer frente a esto día a día, paso a paso".

Alcohólicos Anónimos es muy reconocido por su método de enseñar a los alcohólicos a enfrentar su adicción al alcohol día a día. Mirar demasiado lejos en el camino es abrumador, pero al dar un solo paso, día a día, podemos creer que podemos hacerlo.

Permanecer

Nuestro caminar con Dios hacia la libertad en cualquier área debe ser un compromiso de por vida. Hay una palabra que se usa frecuentemente en la Biblia que quizá pasamos por alto, pero es muy importante y deberíamos prestarle mucha atención. Esa palabra es *permanecer*. Se nos dice que permanezcamos en la Palabra de Dios, y entonces conoceremos la verdad y ella nos hará libres (Juan 8:31-32, RVR1960). Esa libertad no sucede de forma mágica solo por leer la Palabra, pero cuando la obedecemos somos liberados. Porque si solo pasamos tiempo en la Palabra de vez en cuando, o cuando estamos en problemas, no nos ayudará mucho.

La libertad está disponible, pero permanecer caminando en

ella requerirá un compromiso de su tiempo para educarse con respecto a Dios y su plan para usted y para renovar su mente. Si usted quisiera ser médico, no esperaría tener éxito sin años de estudio, y para convertirse en un cristiano victorioso debería pensar de la misma forma.

Mientras escribo este libro, he sido una estudiante seria de la Palabra de Dios durante más de cuarenta y tres años, y puedo decir que soy libre de muchas cosas que antes me atormentaban. Soy libre incluso de preocupaciones por cosas de las que aún tengo que ser libre porque sé que estoy en un viaje de por vida. No puedo aflojar. No me puedo rendir. No puedo ceder. Y siempre prosigo hacia las cosas buenas que hay por delante. En la vida, o bien perseveramos o retrocedemos; simplemente no podemos mantenernos estáticos.

> No puedo aflojar. No me puedo rendir. No puedo ceder.

Pablo escribió a los colosenses y les dijo: "Perseverad en la oración, velando en ella con acción de gracias" (Colosenses 4:2, RVR1960). En su carta a Timoteo, su discípulo e hijo en la fe, escribió: "Pero tú permanece firme en lo que has aprendido y de lo cual estás convencido, pues sabes de quiénes lo aprendiste" (2 Timoteo 3:14). A los gálatas escribió con respecto a ser esclavos del pecado: "Cristo nos libertó para que vivamos en libertad. Por lo tanto, manténganse firmes y no se sometan nuevamente al yugo de esclavitud" (Gálatas 5:1).

Pablo era muy consciente de que la libertad primero había que obtenerla y después mantenerla. Sabía que no era un evento puntual, sino un compromiso de por vida a seguir haciendo lo correcto, un día tras otro y tras otro. Los cristianos hoy día suelen usar los términos *apartarse o volver al mundo* para describir a los que han perdido una libertad que antes tuvieron o que han vuelto a una vida pecaminosa después de haber sido liberados de ella. Yo no soy muy amiga de esas palabras, porque no creo que tan solo "volvamos" a algo. Creo que tomamos decisiones todo el tiempo, miles de ellas, decisiones grandes y pequeñas. Si permanecemos tomando las decisiones correctas, no solo obtendremos libertad, sino que la mantendremos.

Cada viaje comienza con un paso, y dar un paso es lo único que Dios nos pide que hagamos. Dé ese paso de fe, y después otro y otro, pero piense en ellos de uno en uno. Si piensa en lo duro que será su viaje y lo largo que será, será derrotado antes incluso de comenzar. Recuerde que todo lo que haga en obediencia a Dios es algo que nunca tiene que hacer solo. Él siempre estará con usted, fortaleciéndole y animándole en cada paso del camino. Si está enfrentando un gran desafío en este momento de su vida, no tenga miedo porque Dios está con usted.

Comenzar

Supe durante muchos años que si quería disfrutar de una buena salud y longevidad tenía que moverme, ir al gimnasio a levantar pesas y hacer ejercicios de cardio. Escribir me exige estar sentada mucho tiempo, y un médico me dijo recientemente que el gremio médico ahora considera que el nuevo cáncer es llevar un estilo de vida sedentario. No estaba diciendo que estar sentado produzca cáncer, sino quería hacerme entender que pasar demasiado tiempo sentados es extremadamente perjudicial para nuestra salud.

Me dio una tarea que hacer mientras pasaba mucho tiempo delante de mi computadora. Me dijo que me levantara y me moviera un poco al menos una vez cada cuarenta y cinco minutos, ¡y que hiciera una sentadilla de pared de cuarenta y cinco segundos! Específicamente me sugirió las sentadillas de pared porque me dolía la espalda. En caso de que no sepa qué es una sentadilla de pared, ¡permítame decirle que es duro! Hay que poner la espalda pegada a una pared, planta sus pies y se desliza hacia abajo como hasta la mitad de la pared y se mantiene en esa posición durante cuarenta y cinco segundos o un minuto, o más si realmente quiere que le duela. Parece que le queman los cuádriceps, pero ese "ardor" se supone que es bueno para usted.

Nos sentamos en nuestros automóviles; nos sentamos delante de las computadoras; nos sentamos con nuestros teléfonos; nos sentamos y vemos televisión. Nos sentamos esperando alguna cita, y nos sentamos por muchas otras razones. Creo que todos estaremos de acuerdo en que nuestro estilo de vida y nuestra sociedad actualmente siempre nos están ofreciendo una silla. Nos subimos en elevadores y escaleras mecánicas en vez de caminar, aunque solo sea un pequeño tramo de escaleras. La mayoría estamos bastante inmóviles, y después nos preguntamos por qué, al envejecer, comenzamos a sentirnos rígidos, tenemos dolores en las articulaciones y nos falta energía, y no nos sentimos bien.

Por mucho tiempo yo puse excusas para no hacer ejercicio. No veía la manera de mantener una rutina de ejercicio en mi agenda con todos los viajes que hacía. Además, estoy demasiado ocupada para ir al gimnasio tres veces por semana. Intenté hacer ejercicio varias veces en casa por mi cuenta y siempre terminaba haciéndome daño, así que encontré otra excusa para no hacerlo. Pero un día tuve un pensamiento que supe que era un "pensamiento de Dios". (Aunque no todos los pensamientos que tenemos son de Dios, algunos sí. Es una de las muchas maneras en las que Él nos habla. Ese fue un pensamiento de Dios para mí). Mientras declaraba mis excusas para no hacer ejercicio, de repente pensé: *¿Por qué no*

> *Haga lo que pueda hacer cuando pueda hacerlo, y deje de preocuparse por lo que no puede hacer. ¡Cualquier cosa es mejor que nada!*

haces lo que puedes hacer cuando puedes hacerlo, y dejas de preo-
cuparte por lo que no puedes hacer? ¡Cualquier cosa es mejor que
nada!

Me miré detenidamente en el espejo para ver el estado de
mi cuerpo y enseguida pude reconocer que se había deterio-
rado notablemente. Dios me dejó saber que no estaría lo suficientemente fuerte para el último tercio de mi tiempo en el
ministerio si no me ponía manos a la obra en ese momento.
Es muy importante para mí terminar lo que Dios me ha asignado hacer, así que conseguí un entrenador. Mi plan inicial era
que me enseñara algunos ejercicios para poder hacer en casa y
después verlo cada dos meses para que me diera otros nuevos.
Lo asombroso fue que una vez que empecé, una vez que di ese
primer paso, comencé a ver una diferencia tan grande en mi
cuerpo y en mi nivel de energía que quería hacer más. Eso fue
en 2005, y ahora hago ejercicio con un entrenador tres días por
semana a menos que no pueda hacerlo de modo alguno. Siempre podemos encontrar tiempo
para hacer lo que verdaderamente queremos hacer.

> *Dios interviene cuando*
> *pasamos a la acción, no*
> *cuando no hacemos nada.*

Sea lo que sea que usted esté
enfrentando, si tan solo da ese
primer paso, el siguiente y el
que va después no serán tan difíciles. Dios interviene cuando
pasamos a la acción, no cuando no hacemos nada.

Digamos que le da miedo la oscuridad, así que duerme con
las luces encendidas, aunque tiene cincuenta años. Usted y su
cónyuge tienen que dormir en cuartos distintos porque él o ella
no puede dormir con las luces encendidas. Quiere apagar la luz,
pero le da miedo la oscuridad desde la niñez. Podría comenzar
su viaje a la libertad metiéndose en la cama y apagando las luces
durante cinco minutos. Si eso es lo máximo que puede aguan-
tar, vuelva a encender las luces. La noche siguiente, deje la luz

apagada durante seis minutos, y así sucesivamente. Aunque tarde dos años en vencer su miedo a la oscuridad, hacer algo de progreso es mejor que no progresar nada. Si está contento con cómo duerme, entonces no tiene que hacer nada. Dios le ama igual tanto si duerme con la luz encendida como si lo hace con la luz apagada.

A mí me dan miedo las serpientes, y no se me ocurre agarrar una con mis manos ni por un segundo o intentar reunir valor para jugar con ellas. Eso no es algo que desee hacer, y no tengo razón alguna para hacerlo. Además, Dios le dijo a Eva en el huerto del Edén que pondría enemistad entre ella y la serpiente (Génesis 3:15).

No tengo ningún interés en el paracaidismo, y si lo intentara, me daría miedo. Tampoco tengo intención alguna de hacer eso. Pero hay muchas otras cosas que me han dado miedo y que Dios me hizo saber que tenía que vencerlas, así que me enfoqué en esas cosas.

Tenía miedo a no agradar a las personas, y superar eso era vital para mí. Tenía miedo a que Dios no estuviera contento conmigo, y eso también tenía que eliminarlo. Siempre tenía miedo a no hacer lo suficiente, así que también tuve que confrontarlo. Podría compartir más cosas, pero creo que entiende lo que le quiero decir.

Si algún tipo de temor le está impidiendo cumplir su destino u obedecer a Dios, no ponga excusas ni se conforme con ello durante el resto de su vida. Dé un paso para vencerlo y después otro y otro, y no se rinda hasta que llegue a la libertad completa, por mucho que tarde. Usted nunca será un fracaso mientras lo esté intentando.

La inacción produce duda y temor. La acción produce confianza y valentía. Si quiere vencer el miedo, no se quede sentado en casa y piense en ello. Salga y póngase en marcha.

Dale Carnegie

Vencer la duda

Había estado cantando profesionalmente durante muchos años y me había hecho muy popular. Mi carrera como cantante era el sueño de mi vida, y estaba segura de que Dios me había llamado y ungido para hacerlo. Incluso la más mínima idea de que algo pudiera pasarme en la voz me aterrorizaba. En una ocasión, cuando tuve laringitis, el miedo que sentí fue abrumador.

En la cima de mi carrera, me diagnosticaron un tumor cancerígeno que estaba muy cerca de mis cuerdas vocales. Sabía que tenía que operarme para eliminar el tumor. No había probabilidad alguna de que la operación no afectara a mi voz. Los médicos dijeron que lo sentían mucho, pero que mi voz nunca sería la misma después de la cirugía.

Intenté con todas mis fuerzas tener fe en Dios, pero la duda me asaltaba continuamente. Finalmente, pude entregarle toda la situación a Dios. Decidí en mi mente que mi gozo venía de conocer a Jesús, no de cantar, y finalmente eché la ansiedad del resultado de la operación sobre Él.

Los médicos estaban en lo correcto. Tras la operación, mi voz no fue la misma. Pero al seguir sanando, tomar lecciones y hacer ejercicios para fortalecer mis cuerdas vocales, recuperé mi voz. Finalmente llegué al punto en el que fue incluso mejor de lo que era antes.

A través de esta situación aprendí a no dudar de Dios, sino a ponerlo a Él en primer lugar en todas las cosas y saber que Él siempre hará lo mejor para nosotros.

—Cindy

CAPÍTULO 10

Enfrente a la duda y la indecisión

¿Por qué se asustan tanto? —les preguntó—. ¿Por qué les vienen dudas?

Lucas 24:38

La duda no es nada más que el temor bajo otro nombre distinto. A veces me refiero a la duda como "miedo de bajo nivel", porque es bastante sutil. No se manifiesta del mismo modo que lo hacen otros miedos, pero no deja de ser miedo. Quizá dudamos de Dios temiendo que Él no intervenga con la ayuda que necesitamos o dudando que podamos oír de Él y tomar las decisiones correctas. Quizá hemos experimentado alguna decepción con un amigo o familiar, y ahora dudamos que podamos confiar en esa persona. O tal vez le hemos pedido algo a Dios y no lo hemos recibido, y ahora dudamos de Él. Deberíamos entender que si Dios no nos da lo que pedimos es porque no sería lo mejor para nosotros.

Dios quiere que tengamos una confianza inconmovible en Él, pero Satanás quiere que nuestra vida esté controlada por una serie de miedos que se manifiestan de distintas maneras. Hoy mismo, mientras trabajaba en este manuscrito en un avión, me di cuenta de que estábamos un poco demorados, y quizá llegaría tarde a una cita para almorzar. Sentí miedo de que al llegar tarde hiciera enojar a la persona que me esperaba. Resultó ser que yo no iba con retraso, pero esas cosas tenemos que vigilarlas, porque el diablo intenta introducir temor en nuestros pensamientos en cada oportunidad que se le presenta. El punto que es yo sentí miedo mientras escribía un libro sobre el miedo.

Si miramos la palabra *duda* como fue escrita en el griego del Nuevo Testamento, significa "no tener un camino" o "estar sin recursos, avergonzado, perplejo, por una pérdida". *Duda* también puede significar "estar en dos caminos" y da a entender no estar seguro de qué camino tomar.

Cuando las personas tienen duda, a veces dicen: "Todo está en el aire", lo cual significa que no saben qué va a suceder y que quizá las cosas parezcan confusas o inciertas.

La gente en esta condición sería definitivamente indecisa o de doble ánimo. Deciden hacer una cosa y después comienzan a dudar de su decisión, así que deciden hacer otra cosa. Entonces se sienten inseguros de eso, así que puede que regresen a su decisión original. Esto puede continuar hasta que están tan confundidos que se rinden y no toman ninguna decisión.

Si verdaderamente queremos vivir libres del miedo, debemos aprender a vivir sin dudar. Para vivir valientemente debemos caminar en fe. El diablo envía duda a nuestra vida para pelear contra nuestra fe. No sé cómo se siente usted con respecto a esto, pero a mí no me gusta nada estar llena de dudas y sentirme incapaz de tomar una decisión.

Abraham tenía una promesa de Dios de que él y su esposa tendrían un hijo, aunque desde una perspectiva natural, eran demasiado ancianos para que eso sucediera (Génesis 18:11). Necesitaban un milagro, y esperaron en Dios, pero el cumplimiento de la promesa era lento en cumplirse. Pablo escribió que mientras Abraham esperaba, "tampoco dudó, por incredulidad, de la promesa de Dios, sino que se fortaleció en fe, dando gloria a Dios" (Romanos 4:20, RVR1960).

Jairo tuvo la oportunidad de dudar mientras esperaba que Jesús acudiera y sanara a su hija, que estaba a punto de morir

(Marcos 5:22-23). Jesús había dicho que iría y la sanaría, pero por el camino le interrumpió una mujer que necesitaba ayuda y se detuvo para ayudarla. Me resulta fácil imaginarme que el padre se impacientaba mientras esperaba y quería que Jesús se apresurara. Quizá dudó si Jesús llegaría o no a tiempo para salvarla. Mientras Jairo estaba esperando a Jesús, uno de sus siervos llegó y le dijo que su hija había muerto. Jesús escuchó la noticia y le dijo: "No tengas miedo; cree nada más" (Marcos 5:36). Eso parece bastante simple, pero cuando es usted quien tiene el problema acuciante, es más difícil de lo que parece.

¿Cuán a menudo permite que la duda le robe su fe? A veces sucede tan rápido que ni siquiera reconocemos que el diablo ha robado una oportunidad de que suceda algo bueno. Todos tenemos ataques de duda que se nos lanzan, así que no se sienta condenado si le sucede a usted. La clave es reconocerlo, resistirlo y ser como Abraham, y no dejar que la duda ni la incredulidad le hagan dudar con respecto a su fe en Dios.

> ¿Cuán a menudo permite que la duda le robe su fe?

Es fácil justificar nuestras dudas. Satanás nos ayudará a ser indecisos y a estar inseguros sobre muchas cosas, y nos dará buenas razones para la duda que experimentamos. Dios dice que Él puede hacer mucho más abundantemente de lo que podamos pedir o pensar (Efesios 3:20), pero necesitamos pedir con fe.

> Pero que pida con fe, sin dudar, porque quien duda es como las olas del mar, agitadas y llevadas de un lado a otro por el viento. Quien es así no piense que va a recibir cosa alguna del Señor; es indeciso e inconstante en todo lo que hace.
>
> Santiago 1:6-8

Inseguridad

La inseguridad es uno de nuestros mayores problemas. Creo que dudamos de nosotros mismos más que de Dios. La mayoría de nosotros estamos bastante seguros de que todo es posible para Dios, pero dudamos de que Él hará lo imposible por nosotros. Dudamos de si podemos oír o no a Dios. Dudamos de estar tomando las decisiones correctas, y esto puede ser un tormento, porque cada día está lleno de decisiones que debemos tomar. Algunas son pequeñas y de poca importancia, pero otras pueden cambiar el curso de nuestra vida.

A veces, la única forma de saber si estamos en lo correcto con respecto a algo es estar dispuestos a arriesgarnos a estar equivocados. Es asombroso, incluso si cometemos un error, que Dios puede tomarlo y hacer que sea para nuestro bien (Romanos 8:28). Creo que una gran parte de lo que aprendemos en la vida lo aprendemos de nuestros errores.

> Creo que una gran parte de lo que aprendemos en la vida lo aprendemos de nuestros errores.

La única manera de aprender a oír a Dios es con la práctica. Aprendemos mediante la Palabra de Dios y nuestra propia experiencia en la vida. Yo todavía estudio cómo oír a Dios a menudo y, por lo general, compro cualquier libro nuevo que vea sobre escucharlo a Él y que esté basado en la Escritura. He aprendido mucho sobre oír la voz de Dios, pero quiero seguir fortaleciendo mi fe en este aspecto, y la forma de hacerlo es estudiar y leer regularmente.

¿Piensa a menudo...?

¡No debería haber hecho eso!
¡No debería haber dicho eso!

¡No debería haber comprado eso!
¡No debería haber ido allí!
¡No debería haber comido eso!
¡No oré lo suficiente o de la forma correcta!
¡Gasté demasiado en el supermercado!
¡Hablo demasiado!
¡Debería estar más callada!
¡Debería haber hablado!
¡Debería ser una mejor mamá o papá!
¡Me cuesta tomar decisiones!

Si alguna vez quiere tomar buenas decisiones, deje de decir que le cuesta hacerlo. Comience a declarar que cree que oye la voz de Dios con claridad y que puede tomar buenas decisiones.

Es una tiranía angustiosa pensar demasiado en las cosas que deberíamos haber hecho o no deberíamos haber hecho, pues no podemos hacer nada al respecto ahora. A Satanás le encanta esperar hasta que hayamos cometido un error para después recordárnoslo una y otra vez. Pero Dios nos da una precaución interior o una falta de paz cuando nos dirigimos en la dirección incorrecta antes de cometer un error. Pero si, pensando que estamos haciendo lo correcto, resulta que estamos equivocados, Dios nos sigue amando igual que siempre. Y si necesitamos ayuda, Él nos ayudará.

> *Si, pensando que estamos haciendo lo correcto, resulta que estamos equivocados, Dios nos sigue amando igual que siempre. Y si necesitamos ayuda, Él nos ayudará.*

Si quiere oír a Dios y ser guiado por el Espíritu Santo, comience creyendo que puede oír a Dios. Después esté dispuesto a rendir su voluntad a la de Él, y continúe en fe con agradecimiento mientras espera que llegue su momento de avance. Después de haber orado, Jesús dijo: "Padre, te doy gracias

porque me has escuchado" (Juan 11:41). Él no dudó ni se preguntó si su Padre lo había escuchado o no. Le dio gracias porque lo había escuchado. Recomiendo hacer lo mismo después
que orar; permita que la confesión de que Dios le oye y usted
puede oírlo a Él edifique la fe en su corazón.

Cuando Jesús dijo: "Padre, te doy gracias porque me has
escuchado", ¿es posible que estuviera haciendo una confesión
verbal de fe para alejar las mentiras de Satanás (que probablemente le estaba diciendo que Dios no le había escuchado)? Creo
que es posible, porque como nuestro Sumo Sacerdote, Jesús
pasó por las mismas cosas que pasamos nosotros. El escritor
de Hebreos dijo que Jesús entiende cómo nos sentimos porque
"comprende nuestras debilidades" y que entiende cómo nos
sentimos porque "enfrentó todas y cada una de las pruebas que
enfrentamos nosotros" (Hebreos 4:15, NTV). En otras palabras,
Él ha pasado por las mismas cosas y ha sido atacado por el diablo
del mismo modo que nosotros.

El temor es un enemigo tremendo al margen de cómo se presente, pero con la ayuda de Dios podemos reconocer y reco-
noceremos las mentiras del diablo y seguiremos avanzando
en nuestro caminar con Él. Aunque es cierto que estamos en
una batalla espiritual, según la Palabra de Dios ya tenemos la
victoria y simplemente la estamos llevando a cabo en nuestra
vida diaria. Así que otra buena verdad a declarar es "tengo la
victoria".

Quizá nunca había visto la duda como una forma de miedo,
pero eso es exactamente lo que es, y es algo que hay que confrontar. Está bien pedirle a Dios que le muestre si va en alguna
dirección errónea o si ha tomado alguna mala decisión, pero
no tenga miedo a estar *siempre* equivocado con respecto a sus
decisiones. Dios nos ha dado libre albedrío, lo cual significa
que, aunque Él quiere estar involucrado en todo lo que hacemos, también quiere que seamos nosotros los que pensemos,

planifiquemos, usemos la sabiduría y tomemos las decisiones. Hay muchas veces en las que Dios no tiene un deseo en particular de que hagamos una cosa u otra. Él nos da libertad para escoger mientras nuestra decisión esté alineada con su Palabra. Un padre dio un buen ejemplo de esto. Dijo que cuando les dice a su hijo y a su hija que vayan a jugar, no le importa si juegan en sus cuartos o afuera en el jardín. Pueden jugar con sus juguetes o echar un partido. Él solo quiere que jueguen. La forma de jugar depende de ellos. ¿Se imagina a unos niños pequeños a quienes les han dicho que vayan a jugar teniendo miedo a estar jugando de la forma incorrecta? Dios nos dice que acudamos a Él como niños pequeños (Mateo 18:3), y eso significa acercarnos a Él con una actitud de confianza.

> ¿Se imagina a unos niños pequeños a quienes les han dicho que vayan a jugar teniendo miedo a estar jugando de la forma incorrecta?

Miedo a equivocarnos

El miedo a equivocarnos es la raíz de la inseguridad y la indecisión, pero si nos damos cuenta de que tomar malas decisiones no nos hace estar equivocados como personas, podemos evitarnos mucha angustia. Dios nos ama ya sea que todas nuestras decisiones sean las correctas o no, así que no debemos tener miedo a equivocarnos. Las personas que hacen grandes cosas, por lo general, fallan en lo que están intentando hacer las primeras veces que lo intentan, pero no creen que son unos fracasados. Sencillamente saben que intentaron algo y no funcionó.

Cuando estoy grabando programas de televisión, si cometo un error (y lo hago), mis productores me dicen: "No te preocupes por ello, porque podemos arreglarlo después". ¿Qué quieren decir? Quieren decir que pueden arreglarlo eliminándolo mediante procesos de edición antes de que salga en la televisión para que todos los vean. Creo que Dios también puede arreglar nuestros errores "después" (tras haberlos cometido), y estoy segura de que tiene todo el equipo de edición necesario para tomar nuestros errores y sacar algo bueno de ellos. Cuando crea que quizá ha cometido un error, tan solo pídale a Dios que lo tome y saque de él algo bueno (Romanos 8:28).

Otra buena manera de manejar un error es simplemente admitirlo y continuar con el siguiente desafío en la vida. He descubierto que la gente me respeta más si admito mis errores en lugar de intentar cubrirlos o intentar excusarlos.

> He descubierto que la gente me respeta más si admito mis errores en lugar de intentar cubrirlos o intentar excusarlos.

Usted puede ver sus errores de una forma más positiva y perderles el miedo. Todos cometemos errores, así que haga su mejor esfuerzo y confíe en que Dios le enseña mientras viaja por la vida.

Cuando tenga que tomar una decisión, ore al respecto, piense cuáles son sus opciones, considere los pros y los contras de cada camino que podría tomar, y después tome valientemente una decisión. Puede que a veces se equivoque, pero acertará más veces de las que se equivocará porque usted es más sabio de lo que cree. Tiene la mente de Cristo, y su Espíritu habita en usted (1 Corintios 2:16; Juan 14:17). Cada día cuando se levante de la cama, ya tiene una ventaja porque Dios está con usted.

Dios está de su lado, así que realmente no importa quién esté en su contra o lo que otras personas piensen (Romanos 8:31). Viva valientemente para Dios, y disfrute de la vida que Él le ha dado. No deje que la duda y la indecisión le roben su paz y su gozo.

La gratitud mira al pasado y el amor, al presente; el miedo, la avaricia, la lujuria y la ambición miran hacia delante.

C. S. Lewis, *Cartas del diablo a su sobrino*

Hacer acrobacias aún con mi miedo

Cuando tenía once años y estaba en quinto grado, recibimos una noticia en la escuela de que las pruebas para ser animadora serían pronto. Había esperado ese día durante mucho tiempo. Había trabajado muy duro en mis acrobacias para estar lista para las pruebas, pero no estaba segura de qué más esperar o qué se necesitaba.

El primer día de las pruebas fue cuando llegó el miedo. Descubrí que estaría compitiendo no solo contra diez o quince muchachas de mi clase, sino también contra muchachas de sexto y séptimo grado que ya habían estado en el equipo. También supe enseguida que las colchonetas de acrobacias no eran iguales a las que yo estaba acostumbrada, y que nadie me ayudaría si tenía problemas con mis acrobacias.

La entrenadora tenía que evaluar nuestras habilidades, pero nos dijo que, si no podíamos hacer alguna acrobacia, deberíamos quedarnos sentadas. Así que yo me quedé en las gradas. Cuando mi papá vino a recogerme al terminar, entré en el automóvil y comencé a llorar. Él me preguntó qué me pasaba, y le dije: "No hice mis acrobacias. Tuve demasiado miedo a fallar y hacerme daño". Él me animó y me recordó que tenía dos noches más para hacerlo, pero me dijo que teníamos que orar contra ese miedo. Me preguntó si eso era lo único que me preocupaba, y le dije: "También tengo miedo a hacer el ridículo si me caigo delante de todas las demás chicas mayores y la entrenadora". Él me dijo: "A veces, ¡tenemos que hacer cosas aún con miedo!". Oramos de camino a casa, y comencé a sentirme mejor pero todavía estaba nerviosa.

La noche siguiente, cuando mi papá mi recogió tras las pruebas, salí corriendo y me lancé a sus brazos y lo abracé fuertemente. Me preguntó qué me pasaba, y le dije: "¡Lo hice! Lo hice con miedo, como tú dijiste, y tal y como oramos. ¡Y me salió muy bien!".

Entré en el equipo, pero la lección más importante que aprendí fue que, a veces, ¡hay que hacerlo con miedo!

—Sophie

CAPÍTULO 11

Rehúse lamentarse por el pasado o temer el futuro

Pon la mirada en lo que tienes delante; fija la vista en lo que está frente a ti.

Proverbios 4:25

Cuando Moisés le preguntó a Dios cuál era su nombre, Dios respondió: "Yo soy el que soy" (Éxodo 3:14). Cuando los discípulos estaban en una barca con Jesús durante una fuerte tormenta tuvieron mucho miedo. Jesús respondió al miedo de ellos diciendo: "¡Tened ánimo; yo soy, no temáis!" (Mateo 14:27, RVR1960).

Dios está presente en el momento. Él está presente hoy. Él no se presenta como "Yo era" o "Yo seré", sino como "Yo soy". Él es omnipresente, lo cual significa que está presente todo el tiempo, en todo lugar. Si vivimos lamentando el pasado o temiendo el futuro, nos perdemos lo que Él tiene para nosotros hoy. El mejor momento en su vida es el actual. Vívalo plenamente estando presente en el presente.

> El mejor momento en su vida es el actual.

Todos hemos cometido errores en el pasado, y todos cometeremos más errores en el futuro. Todos hemos sufrido injusticias en el pasado, y es más que probable que las experimentemos en algún momento en el futuro, pero pasar el presente preocupándonos y temiendo por eso es una pérdida de tiempo. Hoy podemos pedirle a Dios que tome nuestro pasado y lo redima, o podríamos decir que lo "recicle" y lo convierta en algo bueno. La gente ha inventado todo tipo de formas de reciclar desperdicios y convertirlos en cosas que son usables. Los creadores de esa idea probablemente se admiran a sí mismos por ser tan creativos, pero Dios ha estado reciclando desperdicios desde el comienzo de los tiempos. Él toma los pedazos rotos de nuestro corazón y de nuestra vida y los recicla para hacer de ellos algo usable.

El apóstol Pablo dijo que Dios escoge lo necio, lo débil y lo vil y menospreciado del mundo para usarlo en su reino. Él lo hace para que ningún ser humano pueda alardear en su presencia (1 Corintios 1:26-31).

Cuando me convertí en una joven adulta, estaba hecha pedazos en todos los sentidos. Mi corazón estaba roto, mi alma estaba herida, tenía una autoestima muy baja y no tenía seguridad en mí misma. Algo en mí, que ahora sé que era Dios, susurraba en mi alma que yo podía hacer algo grande, pero me parecía tan imposible que mi mente luchaba contra esos pensamientos. Además, Satanás plantaba continuamente en mi mente pensamientos falsos diciéndome que yo era basura e inútil. Me decía que siempre tendría que conformarme con que todo sería de segunda categoría porque estaba dañada por el abuso que había sufrido.

Por fortuna, mientras más conocía a Dios por su Palabra y más lo veía obrar en mi vida, más me daba cuenta de que Satanás es un mentiroso y que no tenía que basar mi vida actual en mi pasado. Lo mismo es cierto en su caso. Su historia no es su destino. Como indica este versículo, Dios deja clara la necesidad de soltar el pasado y disfrutar de la vida que Él tiene para usted ahora:

Olviden las cosas de antaño; ya no vivan en el pasado. ¡Voy
a hacer algo nuevo! Ya está sucediendo, ¿no se dan cuenta?
Estoy abriendo un camino en el desierto, y ríos en lugares
desolados.

Isaías 43:18-19

Aún recuerdo la alegría que me provocó este pasaje cuando lo
leí por primera vez. Está lleno de esperanza para cualquiera que
necesite un nuevo comienzo. La promesa de Dios es que cuando
recibimos a Cristo y vivimos en Él, las cosas viejas pasaron y
todas son hechas nuevas (2 Corintios 5:17). Vivir lamentando el
ayer indica que no creemos que Dios es lo suficientemente grande
para cuidar de nuestro pasado y darnos un nuevo comienzo, pero
Él lo es. No puedo resistir la oportunidad de compartir con usted
algunos versículos que incluyen esta promesa:

El gran amor del Señor nunca se acaba, y su compasión
jamás se agota. Cada mañana se renuevan sus bondades;
¡muy grande es su fidelidad!

Lamentaciones 3:22-23

Más bien, una cosa hago: olvidando lo que queda atrás
y esforzándome por alcanzar lo que está delante, sigo
avanzando hacia la meta para ganar el premio que Dios
ofrece mediante su llamamiento celestial en Cristo Jesús.

Filipenses 3:13-14

Presten atención, que estoy por crear un cielo nuevo y
una tierra nueva. No volverán a mencionarse las cosas
pasadas, ni se traerán a la memoria.

Isaías 65:17

Todo en nuestra vida no cambia de manera automática

cuando recibimos a Cristo. No lucimos diferente, ni tampoco mejoran de inmediato todas nuestras circunstancias, pero la posibilidad de cambio es ahora nuestra promesa de Dios. Me gusta decir que Él nos hace ser un barro espiritual nuevo, y si se lo permitimos, nos moldeará a su imagen (Romanos 8:29). Tan solo imagine qué gran cambio supone eso. Ser cambiados de lo que éramos antes a como es Jesús; eso sí que es una transformación asombrosa.

El poder de la esperanza

Dios desea que vivamos llenos de esperanza, y eso es muy difícil de hacer si estamos viviendo simultáneamente con lamentos por el pasado o con temor al futuro. Esperanza es una expectativa positiva de que algo bueno va a sucedernos. El apóstol Pedro dijo que nacemos de nuevo a una esperanza viva (1 Pedro 1:39. Robert Schuller dijo: "Deje que sus esperanzas, y no sus heridas, moldeen su futuro".

Yo tuve una vida decepcionante hasta que cumplí los treinta años. Había experimentado mucho dolor e injusticia, hasta el punto de que tenía miedo a esperar cualquier cosa mejor, temiendo que me decepcionaría si no me sucedía. "¿Para qué molestarme?", me preguntaba. Dejaba que mis lamentos del pasado no solo arruinaran mi presente sino también que lanzaran una oscura sombra sobre lo que pensaba que podría ser mi futuro. Pero mi experiencia con Dios y las promesas de su Palabra han cambiado mis expectativas. ¡Ahora tengo esperanza! A menudo digo: "No tuve un buen comienzo en la vida, pero tengo toda la intención de terminar bien". Es lo mismo para usted.

Un buen ejemplo bíblico es el de Saúl. Él fue el primer rey de

> *No tuve un buen comienzo en la vida, pero tengo toda la intención de terminar bien.*

Israel, y aunque Dios lo ungió para esa posición, fue rebelde. En un punto de su vida, Dios le dijo al profeta Samuel que lamentaba haber hecho a Saúl rey de Israel. Samuel se entristeció y clamó al Señor toda la noche (1 Samuel 15:10-11). Aunque estoy segura de que Dios estaba decepcionado, le dijo a Samuel que dejara de lamentarse por Saúl y fuera a ungir al rey que ocuparía su lugar (1 Samuel 16:1). Siempre me ha gustado el mensaje de estos versículos porque nos dan un patrón para la actitud que deberíamos tener con las cosas que no salen como habíamos esperado. Deberíamos arrepentirnos y lamentar nuestro error o decepción, pero después pasar a algo nuevo. Aunque la gente se equivoca, Dios nunca se queda sin un plan.

No hay nada que usted haya hecho ni hay nada que le hayan hecho para lo que Dios no tenga un remedio. Le insto a no dejar que el diablo le robe más su esperanza. La esperanza es un gran motivador. Le da una razón para levantarse de la cama cada mañana, confiando en que sirve a un buen Dios que tiene un buen plan para su vida.

En diciembre de 2017, de repente, me vi afligida por una enfermedad debilitante. Antes había sido muy fuerte y tenía mucha resistencia, pero de repente me sentía incapaz de hacer mucho, porque me faltaban las energías. Siendo una mujer que cree en el poder de la oración, oraba a diario, a menudo varias veces al día, para que Dios me sanara o me diera las respuestas a mi problema. La profesión médica no me ayudó mucho. Decían que tenía fatiga suprarrenal por el estrés de trabajar mucho durante tanto tiempo. Un doctor en el que confiaba y que conocía desde hacía bastante tiempo me dijo que tenía que descansar externa e internamente durante un año o año y medio, y que probablemente nunca sería capaz de volver a trabajar tanto como lo había hecho previamente. Eso fue muy difícil para mí, emocionalmente hablando, porque no quería descansar durante año y medio, pero a la vez me sentía tan mal que no tenía muchas otras opciones.

Claramente, necesitaba que Dios hiciera algo en mí. Tenía compromisos que cumplir, y Dios fue fiel en darme la energía que necesitaba para hacer lo que tenía que hacer, pero vi que tenía que hacer otros cambios drásticos en mi estilo de vida. Muchas personas oraron, y puse mi mejor empeño en mantener una buena actitud, creyendo cada día que vería alguna diferencia. Día tras día, estaba igual. A veces era desalentador, pero sabía que tenía que tener esperanza. Tras casi dieciocho meses, sin razón aparente comencé a sentirme más fuerte. Al principio fueron unos días salteados, y tomó tiempo, pero durante los meses siguientes me volví a sentir bien y tenía la fortaleza para hacer lo que tenía que hacer. ¿Por qué tardé dieciocho meses? ¿Por qué mis oraciones no fueron respondidas antes? No lo sé. "¿Por qué?" es la pregunta que nunca dejamos de hacernos, pero en contadas ocasiones recibimos una respuesta. La confianza siempre requiere preguntas sin respuestas.

Aprendí de esta experiencia que no importa cuánto tiempo tarde Dios en contestar, nunca debemos rendirnos. Mientras esperamos nuestro gran cambio, Dios nos da la fuerza para continuar. Que esta historia le anime a no dejar que nada le robe su esperanza. Haga de la esperanza un hábito, y crea que será librado del miedo a que las cosas nunca mejoren en su vida.

Dios es "Yo soy". Él puede hacer todas las cosas, y su deseo es que usted viva en el presente, no en el pasado ni en el futuro. Cuando me enfermé, lamenté no haber cuidado mejor de mí misma antes de verme obligada a hacerlo. Pero sabía que cargar el lamento añade más estrés, así que me arrepentí y le pedí a Dios que me enseñara y me sanara.

No se pierda lo que Dios tiene para usted hoy viviendo con lamentos. Hoy es un día importante en su vida. De hecho, es el día más importante de su vida, porque ahora en este momento es el único día que tiene asegurado, así que vívalo en toda su plenitud y confíe en que Dios cuida de su pasado y de su futuro.

Derrotar el pavor

Todos cometemos errores. Ya sea que lidiemos con errores de hace muchos años atrás o errores de hace cinco minutos, el pasado está a nuestras espaldas. No malgaste el momento en el que está viviendo ahora con lamentos, temor al futuro, culpa, amargura, una actitud de rencor, o cualquier otra emoción negativa y vana que tenga el poder de robarle este día. Como escribí en el Capítulo 1, usted puede escoger cómo quiere que sea su vida, así que tome una decisión que abra la puerta para que Dios intervenga en sus asuntos.

Como ya he mencionado, el pavor es un tipo de miedo. El pavor es el miedo a no ser capaz de hacer lo que tenemos que hacer, o que no seremos capaces de disfrutar mientras lo hacemos. Es mirar a lo desconocido y sentir pánico porque no vemos un plano bonito delante que nos muestre exactamente lo que deparará el futuro. Si Dios escribiera libros de misterio, cada una de nuestras vidas sería un libro por sí mismo.

> *Si Dios escribiera libros de misterio, cada una de nuestras vidas sería un libro por sí mismo.*

por sí mismo. Dios ha prometido cuidar de nosotros, pero no nos ha dado los detalles de cómo o cuándo lo hará.

Podemos tener temor o pavor a cualquier cosa, desde la jubilación a lavar los platos, pero cualquier forma de temor nos drena la energía que tanto necesitamos. Incluso cuando tememos cosas sencillas, como ir al supermercado o conducir hasta el trabajo en las horas pico de tráfico, lo que realmente estamos haciendo es decidir con antelación que no podemos hacer esas cosas y disfrutarlas. Pero la verdad es que podemos disfrutar todas las cosas si las hacemos con Dios y para su gloria.

Usted puede decidir, por ejemplo, que va a limpiar su casa porque quiere que Dios se agrade de que usted cuida bien de lo que Él le ha dado. O le puede dar temor hacerlo, verbalizando a menudo cuánto lo teme. Y efectivamente, cuando llegue el momento de limpiar, tendrá una mala actitud todo el tiempo que esté haciendo lo que tiene que hacer. Cualquier cosa que tenga que hacer, puede hacerla con una buena actitud, porque tener una mala actitud no le librará de la responsabilidad de hacerlo.

Como mencioné antes, he estado haciendo ejercicio con un entrenador tres veces por semana durante más de catorce años. A menudo me da pavor intentar animarme en mi mente cuando pienso en entrenar, pero he aprendido que, si de todos modos lo voy a hacer, es mejor que también lo disfrute.

Siempre que algo comience a darle pavor, ore de inmediato para que Dios le dé la gracia para hacer lo que tiene que hacer con una buena actitud. Dios responde a las oraciones, pero no puede responder una oración que usted no haga. Pida la ayuda de Dios en todo lo que haga, y le resultará mucho más fácil.

Dios les dijo a los israelitas que no tuvieran miedo de sus enemigos (Deuteronomio 20:1). Jesús dijo que el ladrón solo viene para "robar, matar y destruir", pero que Él vino para darnos una vida "plena y abundante" (Juan 10:10, NTV). ¿Cómo podemos disfrutar la vida si tenemos temor a las cosas que la vida nos exige hacer? Pensemos en este versículo:

Hagan lo que hagan, trabajen de buena gana, como para el Señor y no como para nadie en este mundo.

Colosenses 3:23

No podemos trabajar de todo corazón si nos da pavor hacer el trabajo que tenemos que hacer. A Satanás se le ocurren todo tipo de cosas para evitar que disfrutemos de nuestra vida diaria. Muchas de ellas son sutiles, y nunca las reconoceríamos si Dios no nos las revelara. Pasé muchos años sintiendo lamento

o temor hasta que Dios me abrió los ojos para ver que, al hacer
eso, me estaba perdiendo el presente. Él es "Yo soy", y eso significa que está presente ahora mismo. Si queremos disfrutar y
beneficiarnos de vivir en su presencia, tenemos que enfocarnos
en el presente, no en el ayer ni en el mañana.

Naturalmente, todos hacemos algunos planes para el futuro,
y Proverbios nos anima a ser buenos administradores y plani-
ficar con sabiduría (Proverbios 16:9; 27:23), pero eso es totalmente distinto a mirar al futuro con temor y pavor. Tenga un
plan económico sabio para su jubilación, pero no se preocupe
por ello. Ahorre ahora para la universidad de sus hijos y los gastos de la boda, pero no se preocupe por ello.

Si quiere ser feliz, no habite en el pasado ni se preocupe por
el futuro. Enfóquese en vivir plenamente en el presente. No
deje a un lado su felicidad ni la posponga hasta algún momento
del futuro.

Los expertos médicos están descubriendo el valor de vivir el
presente y enfocarnos en lo que estamos haciendo actualmente.
Se refieren a ello como practicar la concienciación. Lo que han
descubierto no es nada nuevo, porque Salomón habló de ello en
Eclesiastés. La versión Amplified Bible (en inglés) de Eclesiastés 5:1 dice que prestemos atención a lo que hacemos. Esto es
algo en lo que yo no he sido muy buena; porque, por lo general,
hago una cosa mientras estoy pensando en lo siguiente que voy
a hacer, pero estoy orando al respecto y Dios me está ayudando.
Algunos hábitos son difíciles de romper, pero si perseveramos
en ello, con la ayuda de Dios podemos cambiar.

Haga que el hoy cuente. Es el día que el Señor ha hecho, y
deberíamos gozarnos y alegrarnos en él (Salmos 118:24).

Uno de los mayores descubrimientos que hace un hombre, una de sus grandes sorpresas, es descubrir que puede hacer lo que tenía miedo a no poder hacer.

Henry Ford

Superar el miedo a estar sola

Desde que era joven, he tenido este miedo terrible a estar sola. No quería ir al sótano sola. No quería subir con una cesta de ropa por las escaleras yo sola. No quería estar en casa sola más de cinco minutos mientras mi mamá cruzaba la calle apresuradamente para ir a ver a la vecina, incluso a la edad razonable de doce años, podría añadir. La razón de todo ello era que tenía miedo a que algo me asustara, a que algo me ocurriera, de lo que no me pudiera proteger.

Aunque creo que comenzó cuando me asomé para ver una película de fantasmas cuando tenía ocho años, este miedo se arraigó más cuando me oculté bajo la cobertura de la familia y los amigos, rogándoles que alguien estuviera siempre conmigo, que hicieran siempre cosas conmigo, que siempre estuvieran a mi lado.

Avanzando hasta mis veinte años, y por mucho que pensaba que simplemente prefería estar con alguien, me di cuenta de que tenía un miedo muy arraigado que tenía que entregarle a Dios. Entendí lo mucho que dependía de otros, y quería ir de la familia a las compañeras de piso y luego a mi esposo para no estar nunca sola.

Si estaba sola, ¿significaba que sería el blanco de algo y que me sucedería algo malo? Si estaba sola, ¿significaba que no me amaban y que nadie quería estar conmigo? Este miedo me llevó al punto de temblar y perder el sueño.

En cuanto reconocí el miedo por lo que era, llegaron oportunidades de todos los lados para salir, ser valiente y hacer cosas sola. Todas ellas probablemente llegaron a mi camino antes, pero me las arreglaba para tener siempre a alguien o hacer que alguien estuviera conmigo. La oportunidad más grande, creo yo, fue que Dios me llamó a mudarme a otro estado, lejos de toda mi familia y amigos, sin conocer a nadie. Tuve que confiar en Él con cada célula de mi ser.

Durante el transcurso de seis años y medio tuve que ir a clases y hacer nuevos amigos sin que alguien conocido me presentara. Tuve que ir a la compra, a citas médicas, y al mecánico yo sola. Incluso tuve que celebrar un año el día de Acción de Gracias y el día de Año Nuevo yo sola, no porque no me amaran o porque no recibí invitaciones, sino porque Dios estaba intentando enseñarme algo.

Poco a poco, he estado superando este miedo. No se ha ido del todo, pero puedo decir con confianza que si no se lo hubiera entregado a Dios y lo hubiera visto tal y como es, no habría podido vivir los últimos dieciséis meses en mi propio apartamento. Sola.

—Megan

CAPÍTULO 12

Anímese y sea valiente

Sin embargo, los israelitas se animaron unos a otros y otra vez tomaron sus posiciones en el mismo lugar donde habían luchado el día anterior.

Jueces 20:22, NTV

Dios nos ofrece valentía, y Satanás nos ofrece miedo; la decisión la tenemos que tomar nosotros. Me llama la atención la frase que dice que los israelitas "se animaron". Me hace pensar que la valentía siempre debe estar disponible, pero tenemos que tomarla si queremos que nos haga algún bien. Cuando escogemos la valentía, el miedo no tiene lugar donde residir en nosotros.

Por lo general, nos enfocamos en intentar deshacernos de un problema, pero creo que deberíamos enfocarnos más en recibir la respuesta al problema. Escribí un libro titulado *Cómo formar buenos hábitos y romper malos hábitos*. La enseñanza en él, creo yo, es un poco inusual porque anima a las personas a enfocarse en desarrollar buenos hábitos que automáticamente hará que se deshagan de los malos. Por ejemplo, si tengo que perder peso y me enfoco constantemente en lo que *no puedo* comer, eso solo me hará querer comer más comida mala. Pero si me enfoco en todos los alimentos saludables que *sí puedo* comer, entonces tomaré mejores decisiones y finalmente perderé peso.

Si me enfoco en mis fallos todo el tiempo, probablemente aumentarán, pero si me enfoco en cuán lejos me ha llevado Dios y lo mucho que me ha cambiado, entonces tengo confianza en que Él seguirá haciendo más y más.

Aquello en lo que nos enfocamos es lo que se desarrolla en nosotros. Si quiero una fotografía de Dave, pero enfoco la lente de mi cámara en un árbol, obtendré la foto de un árbol en vez de la de él. Intente enfocarse en ser valiente en lugar de en no tener miedo, y creo que comprobará que cada vez es más valiente que antes. Puede que tarde un tiempo en entrenar su mente para pensar de otro modo, pero al final valdrá la pena. No se derrote a sí mismo gastando energías haciendo lo incorrecto, lo cual nunca le llevará al resultado correcto. Luchar contra el miedo lo fortalecerá en lugar de deshacerse de él. Lo mejor que puede hacer es confrontarlo con valentía y hacer lo que el miedo le dice que no haga.

No ore solamente para que el miedo se vaya. En cambio, ore para que Dios le llene de valentía, osadía y confianza. Nuestra errónea manera de pensar a menudo nos derrota; pero, así como pensar erróneamente puede derrotarnos, pensar correctamente puede ayudarnos. Romanos 12:2 indica que nunca experimentaremos la buena vida que Dios tiene para nosotros a menos que nuestra mente sea completamente renovada por la Palabra de Dios.

> *No ore solamente para que el miedo se vaya. En cambio, ore para que Dios le llene de valentía, osadía y confianza.*

En los primeros años de mi caminar con Dios empleaba mucho tiempo y esfuerzo intentando conseguir cosas que Dios ya me había dado. Sencillamente no sabía en ese tiempo que ya me pertenecían en Él, por mi relación con Cristo. Él las dio gratuitamente por su gracia, pero como yo no sabía eso, seguía intentando conseguir lo que ya tenía. Intentaba ganarme el amor de Dios, pero Él me amó mientras yo estaba aún en pecado (Romanos 5:8). Intentaba estar en paz con Dios haciéndolo todo bien, y cada día me decepcionaba conmigo misma porque por muchas cosas correctas que hiciera, siempre hacía algo erróneo. Entonces aprendí que ya tenía paz con Dios porque Jesús tomó todos mis pecados y me dio su estatus correcto con Dios (2 Corintios 5:21). Aprendí innumerables lecciones que me hicieron libre de intentar conseguir lo que ya tenía.

Dios mandó a Josué liderar a los israelitas cruzando el Río Jordán hasta la Tierra Prometida. En Josué 1:9, le dijo a Josué: "¡Sé fuerte y valiente! ¡No tengas miedo ni te desanimes!". Notemos que Dios dijo primero "sé fuerte y valiente" y después "no tengas miedo".

Creo que podemos experimentar miedo y valentía a la vez, y el que sea más fuerte será el que gobierne. Estoy segura de que Ester sintió miedo cuando Dios le llamó a salvar a su pueblo pidiéndole al rey que le ayudara, pero ayunó y oró, y terminó con la valentía necesaria para hacer lo que Dios le había pedido hacer (Ester 4:16-5:3). Su valentía fue mayor que su temor. Los sentimientos de miedo puede que nunca se vayan del todo, pero si regularmente buscamos a Dios para obtener valentía, siempre seremos lo bastante fuertes para hacer cualquier cosa que tengamos que hacer. ¡Lo haremos con miedo! La valentía confronta el miedo y lo sobrepasa.

Ánimo

Parece que, para tener valentía, a menudo necesitamos mucho ánimo. Moisés le dijo a Josué las mismas palabras que Dios le dijo a él más adelante, así que él debió necesitar oírlas más de una vez.

> Sean fuertes y valientes. No teman ni se asusten ante esas naciones, pues el Señor su Dios siempre los acompañará; nunca los dejará ni los abandonará.
>
> Deuteronomio 31:6

Moisés animó a Josué. Un poco tiempo después, Dios animó también a Josué. Satanás quiere "desanimarnos". En otras palabras, quiere bloquear u obstaculizar la valentía que Dios tiene para nosotros. Dios no nos creó para ser miedosos, y no nos ha dado un espíritu de temor. Él nos da osadía, fe, valentía y confianza, pero tenemos que usarlas. Mientras más usamos lo que Dios nos ha dado, más fuertes se hacen esas cosas.

Josué tuvo que ser fuerte y valiente muchas, muchas veces mientras dirigió al pueblo por la Tierra Prometida, porque a cada lugar donde iban tenían que conquistar enemigos para poseer la tierra. Quizá usted sienta que está continuamente enfrentando un problema tras otro, pero debería también saber y ser consciente del hecho de que Dios está con usted y siempre le llevará a la victoria si le sigue. Estoy segura de que quizá se siente como si no hubiera un final a la vista para sus luchas, pero Dios sabe que sí lo hay y exactamente cuándo llegará.

Usted es un hijo de Dios, y es precioso para Él. Pablo nos enseñó que no hemos recibido un espíritu de esclavitud para estar atados al miedo, sino que "habéis recibido el espíritu de adopción, por el cual clamamos: ¡Abba Padre!" (Romanos 8:15, RVR1960). *Abba* es una palabra íntima que equivale a las palabras en español *Papi, Papito, Papá*. Tenemos cercanía con Dios mediante la sangre de Jesucristo (Efesios 2:13) y somos coherederos con Él. Dios nos ha adoptado y nos ha dado plenos derechos como hijos e hijas (Romanos 8:15-17; 2 Corintios 6:18).

En lugar de enfocarnos en todas las cosas malas que nos pueden dar miedo, enfoquémonos en quién es nuestro Padre y recordemos que, con Él de nuestro lado, no hay nada que temer.

Creo que Dios nos ha dado a cada uno el ministerio del ánimo. El Espíritu Santo es un animador. Él vive en nosotros para ayudarnos y animarnos, y quiere trabajar a través de cada uno de nosotros para animar a otros. Ayudemos a las personas a creer que pueden hacer cualquier cosa por medio de Cristo en lugar de unirnos con Satanás para desanimarlos. Nadie permitiría a propósito que Satanás obrara a través de él, pero a menudo lo hace. Él pone en nuestra mente pensamientos, imaginaciones y actitudes sobre las habilidades y decisiones de las personas, y a menos que estemos totalmente comprometidos a no desanimar nunca a nadie, expresaremos esos pensamientos y nunca nos daremos cuenta de que el diablo nos está usando para desanimar a otros. Nuestras palabras contienen poder. Proverbios 18:21 nos dice que tienen el poder de la vida y la muerte, así que deberíamos escoger hablar solo palabras que den vida.

Cuando entré en el ministerio, muchas personas me desanimaron y me dijeron que no podría y no debería hacerlo, pero Dios me dio valentía. Él me animó personalmente, y también puso algunas personas en mi vida que me afirmaron. Estuvieron a mi lado y querían verme tener éxito, y su apoyo fue una gran motivación para mí. Me mantuvo en movimiento en medio de los tiempos realmente difíciles en los que parecía que quienes me habían desanimado tenían la razón, después de todo. El ánimo es un ministerio muy importante y algo en lo que deberíamos participar a menudo. Levantar a otros es algo natural para algunas personas, pero no sucede lo mismo con todos, y los que por naturaleza no tenemos esa inclinación tendremos que animar, aunque sea deliberadamente. Mi primer impuso sería ver qué está mal con la persona o cosa, pero Dios me ha enseñado que mi primer impulso, por lo general, viene de mi carne, y tengo que asegurarme de que mis impulsos estén de acuerdo con su Palabra antes de actuar en consonancia.

> *Dios me ha enseñado que mi primer impulso, por lo general, viene de mi carne, y tengo que asegurarme de que mis impulsos estén de acuerdo con su Palabra antes de actuar en consonancia.*

El apóstol Pablo incluyó instrucciones sobre animar a otros en muchas de sus enseñanzas. Esta es una de mis favoritas:

> Hermanos, también les rogamos que amonesten a los holgazanes, estimulen a los desanimados, ayuden a los débiles y sean pacientes con todos.
>
> 1 Tesalonicenses 5:14

Hay veces en las que tenemos que amonestar (avisar o reprender) a otros, pero también tenemos que animar a los desalentados (temerosos) y débiles (Isaías 35:3-4). Es asombroso cuánta fuerza podemos obtener del ánimo que recibimos en el momento adecuado. No hace mucho tiempo, alguien me envió un mensaje que simplemente decía: "Dios quiere que te animes sabiendo que estás en el lugar correcto en el momento correcto". Durante los días siguientes, releí ese mensaje varias veces. Hacía poco que habíamos hecho algunos cambios en mi agenda, y esas palabras de reafirmación me dieron fuerza para creer que habíamos hecho lo correcto. Tener esa confirmación de que estaba justo donde se suponía que debía estar me aportó mucho consuelo y confianza.

Quizá pensemos que algo que deberíamos o podríamos decirle a otra persona nos suena como algo muy normal, pero podría ser casi un milagro para ella. Una cosa es cierta: nunca nos equivocaremos cuando animemos sinceramente a otras personas.

Medite y declare

La Palabra de Dios nos enseña a meditar en ella. Así como tenemos que masticar bien la comida para liberar sus nutrientes, tenemos que meditar en la Palabra de Dios para sacar el

máximo provecho de ella. Meditar simplemente significa darle
varias vueltas en la mente o pensar en algo a menudo.

> Recita siempre el libro de la ley y medita en él de día y de
> noche; cumple con cuidado todo lo que en él está escrito.
> Así prosperarás y tendrás éxito
>
> Josué 1:8

Dios dio esta instrucción a Josué y los israelitas cuando se pre-
paraban para entrar en la Tierra Prometida. Les estaba diciendo
que declararan su Palabra con sus bocas y que pensaran en ella.
Hacerlo les daría la capacidad de ser obedientes a ella. Por favor,
no pase deprisa esta verdad tan importante. Meditar y declara la
Palabra de Dios es una de las cosas más importantes que puede
hacer, y finalmente le ayudará más de lo que pueda imaginar.

Aquí tiene un ejemplo de algo que puede declarar y pensar
cada día:

> Soy un hijo de Dios y Él me ama. Él siempre está conmigo,
> y por lo tanto no tendré miedo. Todo lo puedo en Cristo
> que me fortalece. Cuando me siento débil, Él me anima a
> seguir avanzando. Soy fuerte, valiente, y tengo confianza en
> Cristo. Ningún arma forjada contra mí prosperará porque
> mayor es el que está en mí que el que está en el mundo.

Esta declaración está compuesta por partes de varios versículos y es una forma eficaz de meditar en ellos. Si declara esto dos
veces al día durante treinta días, comprobará que se empezará a
sentir mucho mejor consigo mismo y con sus capacidades.

Marcos 4:24 nos enseña a tener cuidado con lo que oímos,
y dice que la medida que le dedicamos a pensar y estudiar la
verdad que oímos es la medida de virtud y conocimiento que
recibiremos. En otras palabras, mientras más declaramos y

meditamos en la Palabra que oímos o leemos, más significará para nosotros y más producirá buen fruto en nuestra vida. Solo porque oigamos algo no significa que lo hayamos aprendido. Oír y saber son dos cosas distintas. Las personas pueden ir a la iglesia cada domingo durante diez años, y aunque han oído la Palabra una y otra vez, siguen viviendo como si no supieran nada de ella. Esto se debe probablemente a que lo que recibieron como información nunca se convirtió en una revelación para ellos por no haber pensado en ella y haberla estudiado más.

Nuestros ministros no pueden ayudarnos a ser espiritualmente fuertes, a menos que cooperemos y hagamos nuestra parte. Considere anotar cada versículo que oiga cuando alguien esté enseñando la Palabra de Dios. Después, en su propio tiempo de estudio, puede buscar cada uno de ellos, leerlo en voz alta y pensar en lo que realmente significa para usted en lo personal. Algunas personas creen que lo único que tienen que hacer es ir a la iglesia, pero si lo único que hacen es sentarse ahí, nunca se convertirán en cristianos fuertes, así como sentarse todo el día en un garaje no hará que se conviertan en automóviles.

Cada vez que medita en ser valiente, está derrotando el temor. Quiero recordarle de nuevo que no se limite solo a orar para que Dios le libre del miedo, sino que ore para que Dios le dé valentía y confianza extraordinarias.

La valentía corre el riesgo

La valentía es valiente, refiriéndome a que corre el riesgo y prueba a hacer algo en vez de sentarse ociosamente y no hacer nada. A menudo decimos: "Alguien tiene que hacer algo al respecto", pero ¿qué sucedería si fuéramos nosotros los que tenemos que hacer algo? No hacer nada no produce nada.

> *No hacer nada no produce nada.*

Hay ocasiones en las que existe una línea muy delgada entre ser valiente y ser necio, así que use la sabiduría, pero no se esconda por temor. No tenga miedo a correr el riesgo. Tiene que aventurarse para descubrir si puede hacer algo o no. No deje que el miedo al fracaso le impida intentar algo.

Creo que hay veces cuando pensamos demasiado en algo que sentimos que deberíamos hacer y nos convencemos para no pasar a la acción antes incluso de intentarlo. Pedro le pidió al Señor que le mandara salir de la barca y caminar sobre el agua. Después salió de la barca y caminó sobre el agua con Jesús un corto periodo de tiempo, pero entonces comenzó a mirar y a pensar en la tormenta y comenzó a hundirse (Mateo 14:28-31). Es casi como si hubiera dado un salto de fe cuando Jesús dijo: "Ven", y después empezara a pensar en lo que estaba haciendo, y eso abrió una puerta de miedo que lo derrotó.

Yo funciono más por instinto que por razonamiento excesivo. De forma natural, pienso en las cosas antes de hacerlas, pero si siento en mi corazón que puedo hacer algo y que Dios quiere que lo haga, rápidamente paso a la acción, porque sé que el diablo hará todo lo que pueda para impedirme hacer cualquier cosa que sea buena o útil. Debo admitir que ha habido veces en las que debería haber pensado un poco más ciertas cosas, y que haberlo hecho podría haberme ahorrado algún que otro problema. Pero ser una persona de acción ha producido muchos más beneficios que problemas en mi vida.

A veces pido consejo o compruebo para ver lo que otros piensan sobre lo que voy a hacer, pero no soy de esas personas que necesitan la aprobación de varias personas antes de pasar a la acción. A veces, cuando empezamos a recibir las opiniones de demasiadas personas terminamos confundidos, porque la mayoría del tiempo cada una de las personas con las que consultamos tiene una opinión distinta.

Me doy cuenta de que todos somos diferentes, y quizá usted

no sea como yo. Quizá usted necesite más tiempo para pensar, y si es así, está bien, pero le animo a no pensar tanto en lo que podría salir mal que se convenza a sí mismo para no hacer lo que debería hacer.

La manera habitual de Dios de guiarnos es o bien por su Palabra o por el discernimiento (la guía del Espíritu Santo). El discernimiento es un conocimiento profundo que a veces puede entrar en conflicto con nuestro pensamiento natural. Ha habido ocasiones en las que, sin razón alguna aparente, he sentido muy fuerte que alguien que trabajaba con nosotros terminaría siendo un problema. Pero en un esfuerzo por no ser crítica o suspicaz, mantuve a esa persona en la plantilla. Efectivamente, al final causó problemas levantando contiendas o, en una ocasión, robándonos. Es mucho más sabio confiar en nuestro corazón (espíritu) que confiar en nuestros sentimientos o pensamientos naturales.

¿Alguna vez le ha hecho una pregunta a alguien y rápidamente le ha contestado: "Bueno, así sin pensarlo, creo que...", y después le ha dicho lo que pensaba? Francamente, el último lugar del que deberíamos recibir consejo es de alguien que le dice lo que piensa sin pensarlo. Queremos la respuesta correcta, que, por lo general, necesita haber pasado por un mínimo proceso de pensamiento.

Para concluir este capítulo, permítame recordarle una vez más que la valentía es más fuerte que el miedo. La respuesta al temor es siempre la misma: "Sea fuerte y valiente, porque Dios está con usted".

Cada vez que enfrentamos nuestros miedos, obtenemos fortaleza, valentía y confianza para actuar.

Theodore Roosevelt

Vencer la inseguridad

Tengo miedo a ser vulnerable. ¿Es un tanto irónico ser abierta con respecto a la vulnerabilidad? Admitir el miedo no es un problema. Son esos momentos en los que verdaderamente tengo que ser vulnerable los que suponen un desafío. Las típicas fobias como serpientes, arañas, cucarachas, ahogarse y las alturas no me dan miedo.

No soy una chica tímida, más bien todo lo contrario. Soy extrovertida, muy habladora (parlanchina), independiente y aventurera, y vengo de una familia de ocho hermanos con un optimismo inherente del tipo Pollyana. Interrumpo con osadía en las circunstancias correctas y estoy dispuesta a discutir sinceramente casi cualquier cosa, el tiempo que haga falta.

Lo que me hace respirar con ansiedad y hundirme en mi asiento son los asuntos del corazón, como el amor, la confianza, la intimidad y las relaciones profundas, donde mis asuntos, errores del pasado, fallas del carácter y errores quedan expuestos. Las viejas inseguridades y emociones desbalanceadas brotan dentro de mí, y comienzo a reaccionar a ellas físicamente. El ritmo cardiaco aumenta, me inquieto más de lo normal, y siento pequeñas nauseas, e incluso el vello de la nuca se me eriza.

Entonces mi mente comienza a acelerarse. Cuestiono el revelar más de mí misma. Pienso en lo que ya he dicho y me pregunto si debería haberlo mantenido en secreto. ¿Puedo estar segura de que lo han recibido con respeto y sin rechazo? ¿Es todo lo que la otra persona verá cuando me mire a partir de ahora? Tras todas estas preguntas decido distanciarme, porque me doy cuenta de que mi vulnerabilidad me ha dejado indefensa si la otra persona quisiera atacarme o herirme de alguna forma.

Es chistoso que gravito hacia personas transparentes. Admiro cómo pueden admitir sus objetivos fallidos o sus corazones rotos, cómo sus debilidades volvieron a sacar lo mejor de ellos, anunciando sus imperfecciones para todos los que pasaran por delante del cartel. Observo con asombro que no tienen sensación alguna de limitación. Me siento especial y confiable cuando una amiga comparte algo privado conmigo. Siento gozo y un honor por estar ahí para esa persona.

"Y ellos le han vencido por medio de la sangre del Cordero y de la palabra del testimonio de ellos" (Apocalipsis 12:11, RVR1960). La Palabra de Dios es poder. Su Palabra es sanidad. Su Palabra trae seguridad y confianza. Escojo la Palabra de Dios por encima de mi temor. Haré frente al miedo con la valentía de Dios y seré vulnerable, incluso cuando tenga miedo.

—Autumn

CAPÍTULO 13

Aprenda a estar seguro y confiado

Tendrás confianza, porque hay esperanza; Mirarás alrededor, y dormirás seguro. Te acostarás, y no habrá quien te espante; vivirás tranquilo, porque hay esperanza; estarás protegido y dormirás confiado. Descansarás sin temer a nadie.

Job 11:18-19

Sentirse inseguro y no tener confianza son síntomas de temor, y su fuente es el diablo. Parece lógico que las personas no lograrán mucho en la vida si están afligidos con estos dos problemas. Dios nos ofrece seguridad en Él y confianza en Él, pero por supuesto, el diablo quiere robarnos ambas cosas.

Como muchas personas, sentí durante mucho tiempo que tenía que cuidar de mí misma por el abuso de mi infancia. Parecía que no había nadie que verdaderamente se preocupara de mí. Me sentía como si viviera en guardia, siempre vigilante del siguiente evento doloroso que se cruzara en mi camino. No podía confiar en mis padres, y aunque me acerqué a una pareja de familiares y les pedí ayuda, no quisieron involucrarse. El incesto en aquella época no era muy común. Sucedía en muchas familias, pero nadie hablaba de ello. Era tan despreciable que la gente ni siquiera quería pensar en ello, y mucho menos involucrarse en una situación donde estaba ocurriendo.

No me sentía amada, y cuando no nos sentimos amados nos sentiremos inseguros y nos faltará confianza. Cuando tenía dieciocho años me casé con el primer joven que mostró algún interés en mí. Tras cinco años de infidelidades por su parte y de abandonarme varias veces, me divorcié de él, pero mi inseguridad y mi falta de confianza crecieron aún más. Necesitaba desesperadamente encontrar el amor, pero como la mayoría de las personas heridas seguí buscándolo en todos los lugares erróneos. Comencé a salir con un hombre que bebía mucho, y me dirigía hacia otro desastre cuando conocí a Dave, con quien llevo casada más de cincuenta y tres años.

Dave fue la primera persona que me mostró amor incondicional, pero yo estaba tan rota y herida en mi alma que ni siquiera sabía qué era el amor, ni sabía cómo recibirlo. Vivía con temor al siguiente desastre que estaba segura que caería sobre mí. La noche que Dave me pidió que me casara con él, me dijo que tenía que hablarme de algo antes de llevarme a casa después de nuestra cita, y pensé: *Aquí esta. Va a romper conmigo.* Nunca esperaba que me sucediera algo bueno, pero la llegada de Dave a mi vida fue una de las mejores cosas que jamás me han ocurrido porque él no solo me ha amado incondicionalmente, sino que también ha modelado el carácter de Cristo. Hemos resistido varios años difíciles, llenos de estallidos de ira y negatividad por mi parte, pero él permaneció a mi lado.

Era un cristiano comprometido cuando lo conocí, e íbamos a la iglesia regularmente, pero pasaron varios años hasta que comencé a dejar que Dios entrara en los lugares dolorosos de mi vida que necesitaban sanidad. Finalmente aprendí que Dios me amaba mucho y de manera perfecta, y eso me dio seguridad y confianza.

Puse en el Señor toda mi esperanza; él se inclinó hacia mí y escuchó mi clamor. Me sacó de la fosa de la muerte, del lodo y del pantano; puso mis pies sobre una roca, y me plantó en terreno firme.

                                        Salmos 40:1-2

Deje de escuchar mentiras

El diablo pone en nuestra mente todo tipo de pensamientos que son mentiras, y si las creemos se convertirán en nuestra realidad. Quizá le convenza de que usted es una persona tímida que carece de confianza y que no hay nada que usted pueda hacer al respecto. O quizá haya aceptado la "inseguridad" como que así es usted. Hasta que no sabemos otra cosa, por lo general, aceptamos las cosas que nos hacen sentir miserables como sencillamente que así son las cosas sin tan siquiera resistirnos. ¿Alguna vez se ha preguntado cuántas mentiras podría haber creído que están afectando su vida para mal? Yo nunca lo había hecho hasta que comencé a aprender la Palabra de

> *¿Alguna vez se ha preguntado cuántas mentiras podría haber creído que están afectando su vida para mal?*

Dios y descubrí que los planes que Él tenía para mí eran mucho, mucho mejores que lo que yo estaba experimentando.

Había crecido en una atmósfera de miedo total, y eso era lo único que conocía. Creo que es seguro decir que el miedo era mi compañero constante, y se manifestaba de mil maneras. La seguridad y la confianza eran solo dos de las cosas que me faltaban, pero había otras muchas. Miedo a no tener, miedo a lo que la gente pensara de mí, miedo a que Dios estuviera enojado conmigo por todos mis fallos, y otros más. Tenía miedos que ni siquiera me daba cuenta de que tenía porque habían estado conmigo durante toda mi vida. Quizá eso también sea lo que le ocurre a usted.

Al estudiar la Palabra de Dios, preste mucha atención a la vida que Dios quiere que tenga. Si no la tiene, entonces comience a confrontar las mentiras del diablo y a derrotarlas una por una con la verdad de Dios. Jesús dijo a menudo que Él quiere que nuestro gozo esté completo (Juan 15:11; 16:24; 17:13), así que, si le falta gozo, no está viviendo su mejor vida.

Dios no quiere que nos preocupemos. La preocupación viene de la inseguridad y del miedo a que no nos cuidarán, y está arraigada en las mentiras del diablo. Dios promete cuidar de nosotros si confiamos en Él.

> Manténganse libres del amor al dinero, y conténtense con lo que tienen, porque Dios ha dicho: «Nunca te dejaré; jamás te abandonaré». Así que podemos decir con toda confianza: El Señor es quien me ayuda; no temeré. ¿Qué me puede hacer un simple mortal?
>
> Hebreos 13:5-6

Dios es fiel, Él no puede mentir, y nunca cambia. Si promete algo, siempre cumple su parte, pero tenemos que confiar en Él para recibir y experimentar la vida buena que tiene para nosotros. Desarrollar una relación de amor y confianza con Dios a través de Jesucristo toma tiempo, pero al estudiar fielmente su Palabra y pasar tiempo con Él, creceremos espiritualmente en todas las formas posibles.

Antes de que algo en nuestra vida pueda cambiar, debemos conocer la verdad, y la encontramos en la Palabra de Dios. ¡Su Palabra es verdad! Jesús dijo que Él es el camino, la verdad y la vida (Juan 14:6). A medida que nuestros ojos se abren cada vez más a la verdad, podemos experimentar más de lo que Dios tiene para nosotros y no simplemente conformarnos con lo que siempre hemos conocido.

Si usted es inseguro o le falta confianza, no lo acepte sin más como su forma de ser o como las cosas deben ser. Sométase a Dios; resista al diablo y huirá (Santiago 4:7). Cuando hemos permitido que algo que produce tormento permaneciera en nuestra vida porque no sabíamos cómo ser libres de ello, es emocionante darnos cuenta de la verdad acerca del deseo de Dios y su plan de darnos algo mucho mejor. Pero conocer la verdad es solo el primer paso. Después tenemos que aplicarla a nuestra vida.

Use su fe

Si necesita vencer la inseguridad y la falta de confianza, la clave para el éxito es poner su fe en Dios y, según le dirija Él, lanzarse a nuevas cosas que antes haya tenido temor a hacer. Si le ha faltado la confianza para perseguir un ascenso en el trabajo, vaya y solicite ese puesto para el que cree que está calificado. Si no le dan el puesto, mantenga su confianza en que Dios tiene lo correcto para usted y siga lanzándose. Al final llegará a la situación perfecta para usted.

Si está solo porque ha sido demasiado inseguro para intentar hacer amistades, comience a lanzarse y a ser amigable. No se quede sentado a esperar invitaciones, ¡sea usted la invitación! Acérquese a otros, quizá ellos también se encuentren solos. Mientras más use su fe, más se fortalecerá. Fe es confianza en Dios. Se dice que es "la certeza de lo que se espera, la convicción de lo que no se ve" (Hebreos 11:1, RVR1960). En otras palabras, cuando tiene fe en que ocurrirá algo, primero la tiene en su corazón (usted cree) y después la tendrá en realidad en el tiempo perfecto de Dios.

> Mientras más use su fe, más se fortalecerá.

Pídale a Dios lo que quiere y necesita. Su Palabra dice: "No tienen, porque no piden" (Santiago 4:2). Dios puede hacer mucho más de lo que podemos pedir o pensar (Efesios 3:20).

En otras palabras, no puede pedirle a Dios demasiado. Si lo que pide no es bueno para usted Él no se lo dará, pero en el tiempo correcto le dará algo mucho mejor.

Este versículo me anima mucho, y espero que también le anime a usted:

> Por eso les digo: Crean que ya han recibido todo lo que estén pidiendo en oración, y lo obtendrán.
>
> Marcos 11:24

Primero creemos y después recibimos. Este versículo no nos dice cuánto tiempo pasará entre pedir y recibir. Por lo general, tenemos que esperar un rato, y mientras lo hacemos, nuestra fe es probada. Pero en el tiempo preciso Dios muestra su fuerza y contesta nuestra oración si lo que pedimos es voluntad de Dios.

La fe es muy poderosa, y su fuerza, cuando se libera, nos ayudará a vencer el miedo. Yo enseño que liberamos nuestra fe orando, diciendo y haciendo. En otras palabras, la fe se libera cuando oramos, pidiendo la ayuda de Dios. También se libera cuando declaramos la Palabra de Dios con nuestra boca. Debemos decir lo que Dios dice si queremos tener lo que Dios quiere darnos. Pasar a la acción con fe también libera fe.

Cada vez que ve una oración respondida, eso aumenta su confianza, y cada vez que se lanza a hacer algo y tiene éxito, eso también aumenta su confianza. Mientras más confianza tiene, más seguro estará. Ver a Dios obrar en su vida no solo es emocionante, sino que también le hace sentirse seguro. Creemos que Dios nos ama incondicionalmente, porque Él dice repetidamente en su Palabra que así lo hace, pero también nos ayuda cuando vemos el amor de Dios manifestado en nuestra vida mediante cosas que Él hace por nosotros, aunque parezcan pequeñas.

El apóstol Pablo oró para que los efesios conocieran y

experimentaran el amor de Dios de una forma más íntima y profunda (Efesios 3:17-19). Le animo a que espere y esté vigilante para ver por dónde se muestra el amor de Dios en su vida. Intente no perderse nada de lo que Él hace. Dios, a menudo, actúa a través de otras personas, así que cuando alguien que usted

> *Espere y esté vigilante para ver por dónde se muestra el amor de Dios en su vida.*

conoce haga algo bueno por usted, en verdad es Dios amándole a través de esa persona. Medite a menudo en todas las oraciones que Dios le contesta.

Esta mañana misma, mientras escribía, Dave tenía un dolor en la espalda que apenas le permitía moverse, pero oramos, y se tomó un antiinflamatorio y se puso hielo intermitentemente. Han pasado cinco horas, y está mucho mejor. Su espalda está solo un poco rígida ahora. ¡Esa es una oración contestada!

Yo tenía algo en el ojo que me producía bastante dolor. Al orar por ello, se me ocurrió que quizá mi cuello podría ser el causante del dolor, porque mi oído en ese lado también me había estado doliendo. Me puse calor en el cuello y enseguida dejó de dolerme el ojo. ¡Otra respuesta a la oración!

Dios es muy maravilloso, pero tristemente, durante muchos años, Dios hizo cosas como estas por nosotros y no le dimos el reconocimiento que merecía. Ahora sé que ese tipo de experiencias, en realidad, es Dios afectando los aspectos prácticos de mi vida cotidiana y mostrándome su amor. Le animo a estar atento al amor de Dios, porque hacerlo realmente aumentará su fe, confianza y seguridad.

Usted está a salvo con Dios

La forma más fácil para mí de definir la seguridad es decir que es una sensación de estar a salvo. Creo que es lo que me faltaba en mi infancia. Nunca me sentía a salvo, pero Dios me ha redimido de eso y ahora me siento a salvo. Creo que tengo la promesa de Dios de que Él siempre cuidará de mí, y Él siempre cuidará también de usted.

> En paz me acuesto y me duermo, porque solo tú, Señor, me haces vivir confiado.
>
> Salmos 4:8

Me encanta este versículo, porque cuando era una niña nunca me acostaba para dormir sintiéndome a salvo. Nunca sabía cuándo entraría mi padre en mi cuarto y pondría sus manos en lugares donde no deberían haber estado. Ahora cuando me voy a dormir, sé que estoy a salvo.

En nuestro mundo hoy, puede que nos veamos tentados a sentirnos inseguros o que no estamos a salvo. Parece que la violencia está aumentando en todo el mundo. Oímos de tiroteos aleatorios en centros comerciales, cines y escuelas. Quizá usted se pregunte: "¿Por qué Dios no guarda a esas personas?". Admito que no sé por qué, pero no quiero que las cosas malas del mundo me impidan ver las buenas.

> No quiero que las cosas malas del mundo me impidan ver las buenas.

Si solo escuchamos los medios de comunicación e incluso las conversaciones informales que nos rodean, parece que lo único que oímos son cosas malas, pero también están ocurriendo cosas buenas. El diablo no quiere que nos enteremos o que hablemos de ellas.

No tenemos la garantía de que nunca tendremos problemas en la vida, pero sí se nos garantiza que Dios siempre estará con nosotros, y Él nos consolará y animará (Salmos 23:4; Isaías 41:10).

Dios nos dice en su Palabra que no nos inquietemos por los

malhechores, porque pronto serán cortados como la hierba. Debemos confiar en el Señor y seguir haciendo el bien (Salmos 37:1-3). Intentemos enfocarnos más en lo que Dios dice que en lo que el mundo dice.

¡Qué maravilloso es sentirse seguro y confiado! Esto no significa que nunca tengamos un problema, sino que llegaremos a un lugar donde estaremos a salvo. Dios dice que cuando pasemos por dificultades, Él estará con nosotros:

> No temas, que yo te he redimido; te he llamado por tu nombre; tú eres mío. Cuando cruces las aguas, yo estaré contigo; cuando cruces los ríos, no te cubrirán sus aguas; cuando camines por el fuego, no te quemarás ni te abrasarán las llamas.
>
> Isaías 43:1-2

El "cruzar" no es agradable para nosotros, pero la promesa de salir del problema nos da esperanza, confianza y seguridad. Estos son nuestros regalos de parte de Dios, y nunca deberíamos dejar un regalo sin abrir. ¡Ha llegado la hora de que se levante, dé un paso adelante y le muestre al diablo cuán grande es su Dios!

PARTE 3

Mentalidades para caminar libres del miedo

El amor es la llave maestra que abre las puertas de la felicidad, del rencor, de los celos y, la más fácil de todas, la puerta del miedo.

Oliver Wendell Holmes, padre

El miedo es un mentiroso

Eran solamente las siete y media de la mañana, y ya podía sentir una ola familiar de ansiedad y miedo. Siempre que mi esposo Ed viajaba, el miedo atenazaba mi corazón en la noche. Yo pensaba: *¿Por qué ahora? ¡Lleva años viajando! ¿Por qué de repente tengo miedo?* Intentaba hacer la misma rutina para espantar mi miedo: negar el temor, tomar melatonina y orar. Lo único que parecía darme un poco de paz era cerrar con llave la puerta del cuarto.

Tras una noche con el alma en vilo, sentía vergüenza y frustración. *¿Cómo puedo hablar a otros sobre la fe en un Dios amoroso y el poder de la oración cuando me da miedo que llegue algún hombre del saco imaginario?*, me preguntaba. Me sentía como si fuera una creyente farsante, alguien no tenía derecho a hablar a nadie sobre una vida en Cristo. No podía ni siquiera reunir la valentía para contarle a nadie lo de mi miedo, incluido Ed.

Con otro viaje a la vuelta de la esquina, decidí llamar a una consejera que había conocido años atrás. Ella me había ayudado con mucho amor a mirar a Dios en busca de sanidad de gran parte de las heridas y el abuso del pasado. Le conté lo de la vergüenza y la frustración de mi terror nocturno.

Ella me escuchó pacientemente y respondió: "Joan, ¿recuerdas lo que me dijiste que te solía decir tu hermano cuando eran niños antes de irse a la cama en la noche?".

Fue como si se me hubiera encendido una bombilla en la cabeza. Dije: "¡Sí! Me decía: 'Será mejor que cierres la puerta de tu cuarto esta noche, porque nunca sabes lo que podría hacerte'".

Mi consejera me recordó que, aunque yo era incapaz de hacer nada con el terror nocturno entonces, Ed es la persona más segura de mi vida. Así que cuando viajaba, el antiguo patrón familiar comenzaba de nuevo: desesperanza, temor, vergüenza, miedo incesante. Para mí, cerrar la puerta con llave era la vieja respuesta a una vieja mentira. En cuestión de meses, no solo comencé a dormir con la puerta sin cerrojo, ¡sino totalmente abierta! Reemplacé la mentira del miedo por la verdad de la victoria que tengo en Dios que me adora. No tengo nada que temer, porque puedo descansar en su amor.

—Joan

CAPÍTULO 14

Usted puede amar sin miedo

Libre del miedo a permitirse amar

En el amor no hay temor, sino que el perfecto amor echa fuera el temor.

1 Juan 4:18, RVR1960

Muchas personas tienen miedo a amar, porque tienen miedo a resultar heridas. El amor exige ser vulnerable, y eso es asustadizo para cualquiera que haya amado y haya sido muy lastimado, traicionado, o haya sufrido abuso por parte de la persona que amaba y quien dijo que le amaba. Mi padre me decía todo el tiempo lo mucho que me amaba, pero su clase de amor le permitía abusar sexualmente de mí. Mi madre decía que me amaba, pero me abandonó. Y mi primer esposo decía que me amaba, pero me era infiel. Cuando conocí a Dave ni siquiera sabía lo que era el amor, y tampoco sabía cómo darlo ni recibirlo.

Solo después de aprender a recibir el amor de Dios y mediante confiar en Él fue como pude finalmente empezar a confiar en las personas que decían que me amaban. No diré que quienes nos aman nunca nos van a hacer daño, porque es muy probable que así sea. Tristemente, como humanos nos hacemos daño y nos decepcionamos unos a otros, pero caminando con Dios encontramos la gracia para perdonar y seguir construyendo relaciones saludables. Amo mucho a Dave, pero hay veces que me decepciona o hiere mis sentimientos. Cuando eso sucede, he aprendido a acudir a Dios y recibir el consuelo y la sanidad que necesito. Sé que Dave me ama y que no me quiere lastimar a propósito.

Muchos de nuestros sentimientos heridos provienen de nuestras expectativas irreales. Quizá esperamos que alguien haga algo por nosotros, pero tal persona no sabe que estamos esperando eso, así que no lo hace. ¿Con qué frecuencia, cuando resulta herido, piensa o dice: "*Esperaba* más de ti" o "De verdad que no *esperaba* esto de ti" o "*Esperaba* que hicieras eso"? La Palabra de Dios nos enseña que amar a otros significa creer lo mejor de las personas (1 Corintios 13:4-7), y si estamos dispuestos a hacer eso, podemos evitarnos mucho dolor emocional.

> Muchos de nuestros sentimientos heridos provienen de nuestras expectativas irreales.

Cuando aprendemos a vivir sin dejar que nuestros miedos determinen nuestras decisiones y acciones, podemos amar sin temor. Aunque puede que sintamos precaución o incluso miedo, podemos dar un paso de fe. A menudo digo: "Lánzate y averígualo". No te retires de otros ni te aísles, pensando que es la única manera de estar a salvo. Lo único que hace el aislamiento es hacernos tener vidas solitarias e insatisfechas. Dios nos creó para necesitar a otros, y aunque todos somos distintos, nos completamos unos a otros cuando celebramos la vida juntos.

Como ya hemos visto, la Biblia nos enseña que el perfecto amor de Dios echa fuera el temor (1 Juan 4:18). Recibir el amor de Dios nos da valentía para amar a otros. Millones de personas están desesperadas por tener a alguien que las ame, y podemos decir: "Dios, úsame". Podemos ser los que permitamos que el amor de Dios fluya a través de nosotros hacia ellos. Así como su amor nos sana, su amor a través de nosotros puede sanar a otros.

Sin amor no hay vida

> Nosotros sabemos que hemos pasado de la muerte a la vida porque amamos a nuestros hermanos. El que no ama permanece en la muerte.
>
> 1 Juan 3:14

Aquí la frase "a nuestros hermanos" se refiere a los que pertenecen a Dios mediante la fe en Él. Este versículo es poderoso, y no debemos leerlo con demasiada rapidez. Pensemos en lo que está diciendo. Si no amamos, permanecemos en la muerte. Eso no significa que no estemos vivos, sino que no tenemos una verdadera vida, ni gozo ni paz. Somos miembros de lo que yo llamo los "muertos vivientes". Existimos, pero la vida nos parece sin sentido. Como hemos sido creados para amar, nunca podemos ser verdaderamente felices sin ello. Dick Van Dyke, un actor famoso que tiene más de noventa años, dijo que al margen de la edad que tengamos: "Todos necesitamos algo que hacer, alguien a quien amar, y algo que esperar". Yo añadiría que necesitamos a Dios, pero estoy de acuerdo con lo que dijo Van Dyke.

Primera de Juan incluye varios versículos asombrosos sobre el amor. Por ejemplo: "Nadie ha visto jamás a Dios. Si nos amamos unos a otros, Dios permanece en nosotros, y su amor se ha perfeccionado en nosotros" (1 Juan 4:12, RVR1960). *Permanecer* aquí significa vivir, morar y habitar; como Dios es amor, cuando amamos a otros Dios está presente. Su amor se ha perfeccionado en nosotros. Eso significa que el círculo del amor se cierra. El amor viene de Dios, lo recibimos, y fluye a través nosotros de vuelta a Dios y a otros. "Nosotros amamos porque él nos amó primero" (1 Juan 4:19).

> El amor viene de Dios, lo recibimos, y fluye a través nosotros de vuelta a Dios y a otros.

Al margen de cualquier otro propósito que podamos tener en la tierra, nuestro propósito principal es dejar que el amor de Dios fluya a través de nosotros. "Y este es su mandamiento: que creamos en el nombre de su Hijo Jesucristo, y que nos amemos los unos a los otros, pues así lo ha dispuesto" (1 Juan 3:23). A menudo nos preguntamos qué espera Dios de nosotros, y este versículo resume sus expectativas. Quizá se pregunte: "¿Y qué hay de la obediencia? ¿No es eso lo más importante?". El secreto es que, si verdaderamente amamos a Dios y a los demás, obedeceremos. Quizá deberíamos enfocarnos más en lo que deberíamos estar haciendo (amar a Dios y a la gente) en lugar de lo que no deberíamos estar haciendo (pecar). Aquello en lo que nos enfoquemos se convertirá en lo que producimos en nuestra vida. Pablo dijo a los gálatas que si andaban en el Espíritu no satisfarían los deseos de la carne (Gálatas 5:16). No dijo: "Intenten no satisfacer los deseos de la carne para que puedan andar en el Espíritu".

Enfóquese en Dios y en lo mucho que Él le ama. Enfóquese en amarlo a Él y en amar a otros, y muchos de sus problemas desaparecerán. Con demasiada frecuencia nos enfocamos en lo que otros (Dios incluido) pueden y deberían hacer por nosotros, pero deberíamos enfocarnos en lo que nosotros podemos hacer por Dios y por los demás. A mí me parece que tenemos muchas cosas puestas al revés, y un poco de ajuste sería algo de mucha utilidad.

Cuando ore, intente no comenzar su tiempo de oración dándole a Dios una lista de lo que necesita que Él haga por usted.

En lugar de eso, comience dándole gracias por lo que ya ha hecho por usted, y después pregúntele cómo puede servirlo y qué puede hacer por Él y por otros. Piense en alguien a quien pueda bendecir y vaya a hacerlo. Mientras menos tiempo pasemos enfocados en nosotros mismos, más felices seremos.

La vida cristiana ha de ser un río que fluye, no un estanque de agua estancada. Toda cosa buena que Dios nos da debería fluir a través nuestro hacia otros. Caminar amando a otros es muy importante para Dios porque esa es la forma en que el mundo lo conocerá (Juan 13:35). Se nos dice que amemos a los "hermanos" (nuestros compañeros cristianos), pero Dios también quiere que amemos a todos, a todo tipo de gente, incluso a los que no son fáciles de amar. El amor no es un sentimiento que esperamos tener; es una decisión que tomamos sobre cómo trataremos a las personas. Quizá usted no siente ayudar a alguien en necesidad si esa persona le ha herido, pero amar es lo que Dios haría, y Él espera que nosotros lo representemos en la tierra.

El requisito del amor

Amar a otros nos exige aprender a vivir desinteresadamente, sin intentar constantemente cuidar de nosotros mismos de maneras que nos aseguren que siempre conseguiremos lo que queramos. No sé usted, pero yo soy de esas personas que quiero lo que quiero, y si no tengo cuidado, fácilmente podría pasar por encima de los demás para conseguirlo. Me gustaría ser naturalmente una persona más altruista y sacrificada, pero ese no es mi temperamento natural, así que he tenido que aprender a ser desinteresada a propósito tomando decisiones para poner a otros primero. Uno de los versículos más útiles a los que acudo cuando estoy luchando con pensamientos que incitan la actitud de *¿Y yo qué?* está en Filipenses:

No hagan nada por egoísmo o vanidad; más bien, con humildad consideren a los demás como superiores a ustedes mismos. Cada uno debe velar no solo por sus propios intereses, sino también por los intereses de los demás.

Filipenses 2:3-4

Quiero aclarar que esto no significa que debemos ver a los demás como mejores que nosotros, sino que debemos verlos como siendo muy importantes para Dios y tratarlos como tales. Nunca deberíamos pensar que somos mejores que otros. Pablo lo dijo de esta forma: "Nadie tenga un concepto de sí más alto que el que debe tener" (Romanos 12:3).

> "Nadie tenga un concepto de sí más alto que el que debe tener" (Romanos 12:3).

Este pasaje de Filipenses tampoco sugiere que siempre deberíamos desechar nuestros propios deseos para hacer lo que otra persona quiera que hagamos. Una persona con una actitud desequilibrada en esta área puede ser controlada y manipulada muy fácilmente. La meta es ser guiado por el Espíritu Santo, pidiéndole a Dios cada día que nos ayude a no ser egoístas, sino a estar disponibles para ayudar a otros.

Algunas de las maneras en que podemos ayudar a las personas son obvias. Ni siquiera tendríamos que pensar en ellas durante mucho tiempo ni orar por ellas, preguntándole a Dios si son cosas que Él quiere que hagamos. Por ejemplo, cuando hay una persona anciana en el supermercado haciendo fila detrás de nosotros con dos artículos en su carrito y el nuestro está completamente lleno, deberíamos pensar inmediatamente en dejarle pasar delante. Estoy segura de que Jesús lo haría. Si vemos a una mujer embarazada de muchos meses empujando un carrito de la compra muy cargado mientras que intenta a la vez llevar de la mano a su hijo de dos años hasta llegar a su automóvil, deberíamos ofrecernos para empujar el carrito y ayudarle a meter las bolsas en su vehículo. Si alguien camina delante de nosotros por la acera y deja su bolsa de la compra, y al hacerlo se le caen varias cosas al suelo y ruedan en distintas direcciones, la bondad humana nos dicta que comencemos a recoger las cosas del suelo para ayudar a esa persona. Este tipo de acciones a menudo se consideran "actos esporádicos de bondad". Son cosas que hacemos simplemente porque es lo correcto. Nada nos ayuda más a dejar de pensar en nosotros mismos que pensar en otros. Buscar oportunidades para dar, servir y ayudar a otros en cada lugar que vayamos y en todo lo que hagamos produce muerte para los rasgos de egoísmo y egocentrismo de la carne, y produce vida en nuestro espíritu.

A veces, Dios prepara las circunstancias solo para probarnos. A menudo lo hace cuando tenemos mucha prisa. Es entonces cuando tenemos que tomar una decisión: ¿Es mi apretada agenda más importante en esta situación que mostrar la bondad de Dios?

Uno de los mayores miedos en la vida es que no consigamos lo que queremos. Por eso, intentamos controlar circunstancias, personas y a veces, incluso, a Dios. Deberíamos enfocarnos más en dar que en recibir, y al hacerlo, seremos personas más felices que ponen una sonrisa en el rostro de Dios. Pequeños actos de bondad podrían cambiar el mundo si todos se comprometieran a hacerlos.

> *Uno de los mayores miedos en la vida es que no consigamos lo que queremos.*

Es difícil ayudar a algunas personas

Algunas personas son difíciles de ayudar. Aunque necesitan ayuda, les da miedo recibirla porque no quieren sentir que le deben nada a nadie. Es un poco vergonzoso cuando intentamos ayudar y la persona lo rehúsa tajantemente. Se puede sentir como una bofetada en la cara, o como mínimo, como un rechazo.

Recuerdo una vez que intenté pagar el café a alguien que tenía delante de mí en la fila de una cafetería. Ella me miró como si la hubiera asustado y se negó a dejarme que le invitara a su café. Imagino que, en la sociedad de actual, con todos los actos de violencia que existen, quizá ella tuvo miedo porque no sabía cuál era mi verdadera intención. Pero siento lástima por las personas que no saben cómo recibir ayuda o regalos. Tras ese incidente, empecé a sentir miedo las dos veces siguientes que comencé a hacer actos aleatorios de bondad, ¡así que tuve que hacerlo con miedo! No podemos dejar de dar porque algunas personas no sepan cómo recibir. Derrotemos los actos aleatorios de violencia con actos aleatorios de bondad.

Derribar los muros

Cuando alguien me hace daño, lo primero que soy tentada a hacer es levantar un muro invisible, justo entre yo misma y la persona que me hizo daño. Me encuentro a mí misma pensando: *No tendrás la ocasión de volver a hacerme daño. Te sacaré de mi vida, y así no podrás hacerme daño.* Sin embargo, Dios quiere que demos a las personas otra oportunidad, así como Él nos la da a nosotros, y a veces otra y otra y otra. El precio que Jesús pagó por nuestra libertad fue el dolor, y si queremos entrar en el asombroso misterio de ser amados y ser amorosos, tendremos que estar dispuestos a ser dañados a veces. Dios será nuestro muro de protección si dejamos de levantar nuestros propios muros y en su lugar ponemos nuestra confianza en Él. No creo que sea posible amar y no resultar nunca herido, pero Jesús, que es nuestro Sanador, vive en nosotros y Él cura nuestras heridas y sana nuestras dolencias (Salmos 147:3).

El amor sin temor derrotará a nuestro enemigo, Satanás, que se esfuerza mucho en su trabajo difundiendo disputas y rencor a niveles que la mayoría de nosotros nunca hemos visto en toda nuestra vida. Tenemos que defendernos, y lo único que vence al mal es el bien (Romanos 12:21). Caminar en amor es una guerra espiritual y nos hace felices, porque Jesús mismo dijo: "Más bienaventurado es dar que recibir" (Hechos 20:35).

La mayoría de los miedos al rechazo descansan en el deseo de ser aprobados por los demás. No base su autoestima en las opiniones de otros.

Harvey Mackay

El miedo que no vi llegar

Cuando era joven, toda mi vida giraba en torno a los deportes. Cuando una temporada de un deporte terminaba, comenzaba otra. En los años previos a la secundaria, veía a los jugadores de fútbol del instituto en los partidos del viernes por la noche y pensaba: *¡Un día seré como ellos!*

Ser bueno en los deportes era también lo único en lo que mi papá y yo conectábamos. Él no era muy afectivo, y la única vez que sentía que él estaba orgulloso de mí era cuando tenía éxito en el salón de clases o en el campo. Como yo no era muy académico, ser bueno en los deportes era la única forma de ganarme su aprobación.

Según se aproximaba mi primer año en la secundaria, estaba deseoso y listo para hacer las pruebas para fútbol y baloncesto. Días antes de las pruebas me lesioné la rodilla, y tuve que ir al médico. En la cita, el médico me miró por encima de sus lentes y me dijo las palabras que ningún deportista quiere oír: "Esto requiere una operación". Y aunque me costó digerirlo, me recordé a mí mismo que era solo mi primer año. El sueño de toda mi vida no se frustraría; simplemente se demoraría.

Al comienzo de mi tercer año me lesioné mi otra rodilla, y eso me llevó de nuevo a la misma situación: una cirugía, no poder hacer deporte e intentar mantener una actitud positiva. Ese fue el momento exacto en el que el miedo comenzó a adentrarse en mí. Pensaba: *¿Alguna vez seré capaz de cumplir mi sueño por el que tanto he trabajado? ¿Seguiré teniendo amigos si no puedo hacer deporte? ¿Qué pensará mi papá? ¿Seguirá estando orgulloso de mí? ¿Me seguirá amando?*

Aunque me gustaría poder decir que fue la última vez que tuve que lidiar con el miedo o con otra cirugía, ambas cosas serían falsas. No solo tuve que vencer el miedo a no vivir el sueño o a lo desconocido (lo que amaba me había sido arrebatado), sino también tuve que encontrar mi sentido de seguridad y propósito en Cristo en lugar de en mis habilidades.

—Davis

CAPÍTULO 15

Usted puede vivir con aceptación

Libre del miedo al rechazo

El que los escucha a ustedes, me escucha a mí; el que los rechaza a ustedes, me rechaza a mí; y el que me rechaza a mí, rechaza al que me envió.

Lucas 10:16

Me gustaría hablar de miedos específicos en este libro, pero sé que no puedo cubrirlos todos; por lo tanto, he decidido escribir sobre los que creo que afectan a más personas. Hay todo tipo de fobias que van desde las más comunes hasta las menos usuales. Una persona quizá tenga miedo a las alturas, mientras que a otra le dan miedo las mariposas, y a otra le da miedo el mal tiempo. Pero sin importar qué tipo de miedos afronte la gente, todos vienen de una misma fuente, que es el diablo. Tenemos que decir adiós a todo temor y aprender a resistirlo en cuanto aparezca. Mientras más tiempo permitamos que algo permanezca en nuestra vida, más se arraiga y más difícil es deshacerse de ello.

Mi experiencia personal

Tuve una raíz de rechazo durante mucho tiempo en mi vida, porque pasé años sintiendo que no era amada. Dios nos creó

> *Dios nos creó para la aceptación y el amor, no para el abuso y el rechazo.*

para la aceptación y el amor, no para el abuso y el rechazo. Cuando experimente rechazo, tenga por seguro que Jesús sabe cómo se siente porque Él también fue rechazado por algunos miembros de su familia, por sus discípulos y por los líderes religiosos de su tiempo. El plan de Satanás era usar el dolor del rechazo para impedir que Jesús terminara lo que Dios le había mandado hacer en la tierra.

> Despreciado y rechazado por los hombres, varón de dolores, hecho para el sufrimiento. Todos evitaban mirarlo; fue despreciado, y no lo estimamos.
>
> Isaías 53:3

Dudo que cualquiera de nosotros haya experimentado o experimente alguna vez la cantidad de rechazo que experimentó Jesús, pero el rechazo de otras personas no lo cambió. Él sabía que era el Hijo de Dios, sabía qué había venido a hacer a la tierra, y mantuvo sus ojos en el amor que el Padre le tenía en lugar del rechazo de las personas. Tenemos que aprender a hacer lo mismo.

Cuando uso el término *raíz de rechazo*, me refiero a que una persona ha sufrido tanto rechazo que el miedo a ello afecta todo lo que hace. Las personas con una raíz de rechazo a menudo viven una vida muy infeliz. Quizá creen que están siendo rechazados y que no caen bien a la gente o que la gente no las ama cuando ese no es el caso. Marilyn Monroe dijo una vez: "Siento como si toda mi vida hubiera sido un gran rechazo". Esa es una declaración interesante para que la diga una estrella del cine tan popular. ¿Cómo podría haberse sentido rechazada cuando tantas personas iban detrás de ella, queriendo conocerla y pidiendo su foto o su autógrafo?

Su infancia fue muy difícil. Su mamá estaba mentalmente enferma, y su padre estuvo ausente. Pasó su juventud en varias casas de acogida y orfanatos. Parece que de adulta nunca superó el rechazo y el dolor de aquellos primeros años de soledad. Sabemos por la mayoría de los relatos que Marilyn Monroe vivió una vida muy infeliz. Empezó y terminó relaciones con varios hombres, muchos de los cuales estaban casados. Murió a los treinta y seis años de una sobredosis de barbitúricos.

Es interesante notar que algunas de las películas más conocidas de Marilyn Monroe fueron comedias. He escuchado historias de comediantes muy reconocidos que eran graciosos cuando actuaban, pero en su vida cotidiana eran muy infelices y depresivos. Representaban un papel para la gente, que producía alegría y risas, pero no disfrutaban en modo alguno sus propias vidas.

Una celebridad que era cómica en los escenarios, pero se dice que era todo menos divertida en la vida real fue Lucille Ball. He oído que era una de las actrices más rudas y desagradables al trato en la vida real. Se dice que tenía un lado muy mezquino y una personalidad muy compleja y que era bastante insegura, lo cual es una manifestación de una raíz de rechazo.

He conocido a personas que bromean constantemente. Todo lo que oyen evoca algún comentario por su parte que tiene la intención de ser gracioso, pero a menudo se pasan de la raya y es molesto. Sé que no siempre es así, pero muchas personas actúan como comediantes en las relaciones porque son profundamente inseguros y sienten que serían rechazados si los demás supieran quiénes son en verdad. También conozco a personas que son verdaderamente humorísticas; es simplemente parte de su personalidad, y no se debe a ningún problema que tengan.

Tengo una experiencia personal con la raíz de rechazo. No solo experimenté el rechazo en mi infancia a manos de quienes deberían haberme amado, sino que parecía ser un patrón en mi vida. Creo que a veces fui rechazada porque, debido al dolor en mi infancia, mi personalidad resultó ser bastante desagradable. No era una persona con la que era fácil estar o que cayera bien. Cuando conocí a Dave, él me aceptó incondicionalmente, pero hasta que eso ocurrió yo no sabía cómo era esa clase de aceptación.

Dios nunca nos rechazará

En Juan 6:37, Jesús dijo que los que acuden a Él nunca serán echados fuera o rechazados. Podemos tomar este versículo bíblico y dejar que nos libere del miedo a pensar que Dios nos rechace por alguna razón. Dios nos ama incondicionalmente, y esa verdad a menudo es difícil de entender. La mayoría de lo que obtenemos en este mundo está basado en el cumplimiento de ciertas condiciones, pero no es así con nuestra relación con Dios. Dios es amor, y amarnos no es algo que Él hace o deja de hacer según nuestra conducta.

> *Jesús dijo que los que acuden a Él nunca serán echados fuera o rechazados.*

Una de las cosas más importantes que debemos saber es lo mucho que Dios nos ama y cómo nos ve. Si tenemos confianza en su amor, nunca dejaremos que el dolor del rechazo o el miedo a otras personas nos controle a nosotros o nuestras decisiones.

En su libro *Reflections for Ragamuffins* (Reflexiones para los andrajosos), Brennan Manning cuenta la historia de un sacerdote que visitaba a su familia en Irlanda. Tras ver el amanecer en el Lago Killarney con su anciano tío, el sacerdote observó una gran sonrisa en el rostro de su tío y comentó: "Tío Seamus, parece usted muy feliz".

Su tío respondió: "Lo estoy".

Cuando el sacerdote le preguntó el porqué, el tío simplemente dijo: "El Padre de Jesús me tiene mucho cariño".

Podemos pensar que la frase de este hombre estaba llena de orgullo, y preguntar: "¿Quién se cree este tipo que es?". Pero el apóstol Juan dijo muchas veces que él era el discípulo a quien Jesús amaba (Juan 19:26; 20:2; 21:7, 20). Estaba tan seguro del amor de Dios que se convirtió en su identidad. Cuando le preguntaban quién era él, no decía que era un discípulo, un apóstol o un evangelista. Simplemente decía: "Soy el discípulo a quien Jesús ama". Lo interesante es que todos podemos decir eso, ¡y todos estaríamos en lo cierto! Todos podemos decir: "Dios me tiene mucho cariño". "Soy la niña de los ojos de Dios" (Salmos 17:8), o "Soy el favorito de Dios", y estar en lo correcto. Dios no solo nos ve como una gran masa de seres humanos; Él nos ve y nos trata como individuos.

Creo que pensar más en lo mucho que Dios nos ama y todas las cosas asombrosas que dice de nosotros en su Palabra aumentará nuestra confianza hasta el punto de que nunca tendremos miedo al rechazo o la falta de aprobación de nadie.

Dios dice que nos creó, pero el diablo quiere que pensemos que somos un accidente o un error. La verdad es que, con su propia mano, Dios nos dio forma en el vientre de nuestra madre, y fuimos creados a su imagen (Salmos 139:13; Génesis 1:26-27). Este pensamiento me hace exclamar: "¡Vaya!". Dios nos valora a cada uno, y somos preciosos a sus ojos. Cuando Dios terminó la creación, incluidos Adán y Eva, vio que "era muy bueno" (Génesis 1:31). Dios nos considera buenos. Quizá no todas nuestras acciones sean buenas, pero la parte de nosotros que Él creó es buena.

La Biblia nos dice que no pensemos más alto de nosotros de lo que debemos (Romanos 12:3), pero no pensar lo suficientemente alto de nosotros también puede ser un problema. Tenemos que encontrar el balance correcto. Deberíamos saber que en nosotros mismos no somos nada sin Cristo, pero a través de Él somos criaturas asombrosas con habilidades dadas por Dios. Todos somos infinitamente distintos con diferentes huellas y ADN. Oí anoche que no hay dos personas que tengan el mismo patrón en el iris de sus ojos.

> Te alabaré; porque formidables, maravillosas son tus obras; estoy maravillado, y mi alma lo sabe muy bien.
>
> Salmos 139:14, RVR1960

David declaró que sabía muy bien que fue creado de forma formidable y maravillosa. Él sabía que no era chatarra o basura, o alguien que carecía de importancia. Él reconoció lo que Dios había hecho al crearlo, y era tan asombroso que cuando dijo que estaba "maravillado" se refería a que era casi demasiado asombroso tan solo el hecho de hablar de ello. Yo diría definitivamente que después de mirar a algunas de las cosas que los patriarcas, los discípulos y los apóstoles dijeron sobre sí mismos, a la mayoría de nosotros nos queda un largo camino por recorrer en cuanto a darnos cuenta de cuán maravillosos somos a ojos de Dios.

En definitiva, la autoimagen de la mayoría de las personas depende en gran medida de los mensajes que hayan recibido de otras personas. ¿Estoy bien? ¿Les caigo bien? ¿Alguien me ama? ¿Estoy a la altura de lo que mi familia y mis amigos esperan? Como personas hambrientas, esperamos que otros asientan con la cabeza o unas cuantas palabras que nos dejen saber que nos aprueban. Pero, a la luz de lo que Dios dice de nosotros, es triste que tengamos hambre de la aprobación de las personas teniendo en cuenta que ya tenemos la aprobación de Dios.

En el libro de la vida, la Palabra de Dios, el nombre de Pedro, el hombre que maldijo y negó tres veces incluso conocer a Jesús, está escrito justo al lado del nombre de Juan, quien declaró de sí mismo ser el discípulo a quien Jesús amaba (Mateo 26:69-75; Juan 20:2). El nombre de María Magdalena, una mujer de quien habían expulsado siete demonios, fue escrito junto al nombre de María, la madre de Jesús, de quien a menudo se hace referencia como la bendita virgen (Lucas 1:26-35, 48; 8:2). Mi nombre y tu nombre están escritos junto a todos aquellos que fueron crucificados, o quemados en la hoguera, o comidos por leones por rehusar negar su fe.

Sesiones de pensamiento positivo

Quiero animarle a hacer algo que podría parecer extraño en un principio, pero sé que será muy beneficioso si lo hace. ¿Sabe que tiene la capacidad de tener pensamientos a propósito? No tiene que limitarse a esperar a ver qué le viene a la mente y después pensarlo.

El apóstol Pablo nos enseña a derribar imaginaciones, razonamientos, teorías, argumentos y opiniones elevadas que no se ajusten a la Palabra de Dios (2 Corintios 10:5). Esto nos dice que podemos deshacernos de un pensamiento que no queramos y escoger otro que sí queramos.

Le reto a tener una sesión de pensamiento de cinco o diez minutos cada día durante la cual

> Le reto a tener una sesión de pensamiento de cinco o diez minutos cada día durante la cual piense sobre usted mismo como Dios lo hace.

piense sobre usted mismo como Dios lo hace. Piense y declare estas confesiones basadas en la Palabra:

- Soy la niña de los ojos de Dios (Salmos 17:8).
- Fui creado de forma formidable y maravillosa (Salmos 139:14).
- Dios se goza sobre mí con canciones (Sofonías 3:17).

- Soy precioso a los ojos de Dios (Isaías 43:4).
- He recibido la mente de Cristo (1 Corintios 2:16).

Puede comenzar con estas sugerencias, pero le animo a que siga añadiendo puntos a la lista. Haga los deberes y busque más versículos que le digan cuán maravilloso es usted. A medida que lea, confiese y medite en estas verdades, cambiarán su autoimagen. Hacer esto también le ayudará a ver a la gente que le rodea con una luz nueva y más positiva.

La mayoría de nosotros hemos pensado demasiado en todas las palabras negativas que nos han dicho durante nuestra vida. Puedo recordar a mi padre decirme muchas veces: "¡Nunca llegarás a nada!". Recuerdo cometer errores y escuchar que no sabía hacer nada bien. Cuando era adolescente pesaba entre ocho y diez kilos de más, y no me pedían salir ni tampoco me sacaban a bailar en las fiestas de la escuela. Aunque alguien me lo hubiera pedido, mi padre no me habría dejado ir. Todas esas cosas me hacían sentirme inferior e insegura. Cuando fui adulta, los amigos me decían que tenía la personalidad errónea para estar en el ministerio.

Estaba tan acostumbrada al rechazo que llegaba a esperarlo. Estaba segura de que me pasaba algo. A fin de cuentas, si mi propio padre quería tener sexo conmigo, debió deberse a un error en mí, porque los padres de las demás niñas no eran así. Al menos eso era lo que yo pensaba en ese entonces. Estaba segura de que yo era la única muchacha en el mundo que estaba experimentando aquello. Finalmente descubrí que hay más de las que podemos contar, pero muchas están demasiado avergonzadas o tienen demasiado miedo como para hablar de ello. Durante años, me parecía que tenía una grabación en mi cabeza que continuamente se reproducía, diciendo: "¿Qué me pasa?".

Ni siquiera puedo expresar cómo me sentí cuando supe que Jesús había tomado mi pecado y me había dado su estatus "correcto" ante Dios. Me había hecho justa (2 Corintios 5:21). Ya no tenía que seguir intentando averiguar qué me pasaba, y usted tampoco tiene que hacerlo. No significa que le pase algo a usted si no hace todo bien, o si comete errores de forma regular, o si no es como todos los demás. Usted es precioso, creado por Dios, y Él tiene un buen plan para su vida, así que sacúdase todo lo negativo que le hayan dicho y sea lo mejor que pueda ser.

¿Cree?

Un día, una niña de seis años estaba sentada en un salón de clase. La maestra iba a explicar la evolución a los niños. La maestra le pidió a un niño llamado Tommy si podía ver la hierba en el exterior.

"Sí, maestra, veo la hierba".

La maestra dijo: "Tommy, sal y mira hacia arriba, a ver si puedes ver el cielo".

Él regresó en pocos minutos y dijo: "Sí, vi el cielo".

La maestra le preguntó: "¿Y viste a Dios?".

"No, maestra, no vi a Dios".

La maestra dijo: "Bien, clase, ese es mi punto. No podemos ver a Dios porque no está ahí".

Una niña pequeña habló queriendo saber si podía hacerle al niño algunas preguntas. La maestra accedió, y la niña le preguntó: "Tommy, ¿ves el árbol afuera?".

"Sí, veo el árbol".

Ella preguntó: "¿Ves la hierba?".

Él dijo: "Sí, veo la hierba".

"¿Ves el cielo? ¿Ves a la maestra?".

Tommy dijo: "Sí", y su tono de voz indicaba que estaba cansado de responder preguntas.

La niña finalmente preguntó: "¿Ves el cerebro de la maestra?".

Tommy dijo: "No, no veo su cerebro".

La niñita dijo: "Entonces según lo que se nos ha enseñado hoy, eso significa que no tiene ninguno".

¿Es usted capaz de creer lo que no ve simplemente porque Dios dice que es cierto? Según 2 Corintios 5:7, "andamos por fe, y no por vista". La fe cree en lo que aún no se puede ver, pero cree que lo verá a su debido tiempo. Quizá usted y yo no estemos manifestando todas las cosas maravillosas que la Palabra de Dios dice sobre nosotros, pero si permanecemos en su Palabra, lo haremos. Seremos transformados a imagen de Cristo (2 Corintios 3:18; Romanos 8:29). En el reino de Dios debemos creer antes de ver, pero en el mundo debemos ver para creer. Como hijos de Dios podemos ver cosas con los ojos de nuestro corazón, y son más reales para nosotros que cualquier cosa que vemos con nuestra visión natural.

Creo con todo mi ser que Jesús murió por mis pecados y resucitó de la muerte. No lo vi suceder, pero sé que es cierto sin ningún lugar a dudas. Por esa razón he dedicado mi vida a enseñar estas verdades a otros. No he visto a Dios, pero regularmente veo los resultados de creer en Él y de servirlo. Una cosa es cierta: antes de Jesús mi vida era un completo caos, ¡pero ahora es maravillosa!

Tras leer este capítulo, creo que todos podemos decir que no hay razón para tener miedo al rechazo de la gente, porque Dios nos ama y está de nuestro lado. Es tiempo de vernos como Dios nos ve y dejar que su opinión de nosotros sea más importante que lo que ninguna otra persona piense.

*Un hombre que tiene intimidad con Dios nunca se sentirá
intimidado por los hombres.*

Leonard Ravenhill

Decidí no preocuparme por lo que otros opinen de mí

Probar la tarta, lista de invitados, presupuesto, prueba del vestido…todos los detalles de la planificación de una boda ¡son suficientes para que cualquiera se vuelva un poco loca! Durante mi noviazgo, sin embargo, me negué a enfocarme en el detalle más importante: el matrimonio venidero. Mi novio y yo éramos jóvenes y estábamos enamorados, y supuse que como él iba a la iglesia, sería un gran esposo. Verá, en el pasado tuve novios que abusaron de mí y casi todos los demás hombres que conocí me trataron mal, así que cuando me hice cristiana y comencé a salir con un chico de la iglesia, pensé que él era lo mejor que había tenido nunca.

Mi familia y mentores de la iglesia me advirtieron, no obstante, que nuestra relación era tóxica. Él había sido criado para ser el número uno por encima de todo lo demás, y aunque eso no necesariamente le hacía ser una persona terrible, esa mentalidad no funciona bien en el matrimonio.

Sabía en mi interior que no debía casarme con él, pero estaba completamente aterrada. Tenía miedo a quedarme sola. Tenía miedo a perder a alguien a quien amaba. Miedo al dinero que perdería y la vergüenza que sufriría. ¿Cómo se lo iba a explicar a toda mi "lista de amigos" cuando mi estatus pasara de "mantiene una relación" a "soltera"? ¡Solo pensar en ello me hacía enfermar!

Pero entonces recordé mi valía en Cristo. En Jeremías 29:11, Él promete esperanza y un futuro bueno. Él quería prosperarme, y casándome con alguien que era solo suficientemente bueno no estaba permitiendo que su bendición fuera completa.

Así que lo hice: *con miedo.*

Escribí una larga nota, le devolví mi anillo y di un paso de fe gigante a una nueva esfera de confianza en Dios. Estaba totalmente rota, y sin embargo totalmente dependiente de Dios. Y vaya, ¡Dios intervino! Fui bendecida con amigos increíbles que se abalanzaron para recordarme que no estaba sola. Intercambié mi planificación de boda que me consumía el tiempo por servir en la iglesia y la comunidad, y sentí propósito como nunca antes. Y ocurrió lo más asombroso; ¡mi prometido hizo lo mismo! Cambió por completo su vida y se dedicó a servir a otros en lugar de servirse a sí mismo.

Tras un año de estar lejos de mi prometido comenzamos a salir de nuevo, y en menos de un año, finalmente, me casé con el hombre de mis sueños. Y esta vez, él también cumplió los sueños de Dios para mí. Ahora ambos servimos como pastores de jóvenes en una iglesia y ayudamos a otros a superar sus miedos y vivir esa vida de Jeremías 29:11. Todo porque decidí hacerlo con miedo.

—Julie

CAPÍTULO 16

Usted puede ser auténtico

Libre del miedo a lo que otras personas piensen, digan o hagan

Temer a los hombres resulta una trampa, pero el que confía en el Señor sale bien librado.

Proverbios 29:25

En un principio pensé en poner en el mismo capítulo el miedo al rechazo y el miedo a lo que otras personas piensen, digan o hagan porque eran similares, pero creo que el miedo a las opiniones, palabras y acciones de otros es un problema tan grande que merece un capítulo propio. Sospecho que las personas lidian con este temor más que con cualquier otro. Querer caer bien a la gente es natural, pero ese deseo se convierte en un problema cuando lo queremos tanto que permitimos que los demás nos controlen para conseguirlo. Cualquiera puede experimentar este temor, pero los que han sido lastimados emocionalmente o han recibido abuso en el pasado es más probable que lidien con ello más que otros.

Si nos acosa el miedo a lo que otros piensen, digan o hagan, puede que meramente dejemos que los demás nos controlen, haciendo todo lo que quieran que hagamos, porque nos da miedo a no caerles bien si no lo hacemos. Una vez tuve un empleado que era muy controlador, y yo tenía cuidado de no confrontarlo ni actuar como si pensara que él estaba equivocado en algo porque sabía que se enojaría.

Mi padre era un hombre airado, y nos controlaba a mi mamá y a mí mediante su enojo. Vivíamos bajo un estrés constante intentando que estuviera siempre contento, para no tener que lidiar con su temperamento o sus estallidos de ira. Debido a mi experiencia con él, desarrollé un miedo a hacer enojar a las personas, así que era fácil para las personas controlarme.

También tuve una amiga que se enojaba rápidamente, y yo siempre hacía lo que ella quería hacer, aunque yo no quisiera hacerlo. De nuevo, permitir que me controlaran estaba arraigado en mi temor a hacer enojar a los demás. El miedo que tenía a lo que me dijeran o hablaran de mí, a lo que me hicieran o a lo que pensaran de mí, no era tan grande como el miedo que tenía a que mostraran su enojo. Aún me siento incómoda cuando estoy con alguien que se enoja fácilmente, pero no dejo que eso me controle.

Quizá dejamos que haya personas que nos controlen porque tienen algo que queremos, y sabemos que no lo conseguiremos si los confrontamos. A menudo, no confrontamos a las personas ni somos sinceros con ellas porque las vemos como personas que tienen control sobre nuestro futuro en cierto modo. Por ejemplo, puede que una persona deje que su jefe le maltrate o le sobrecargue porque tiene miedo a perder su trabajo. O una adolescente podría hacer cosas que sabe que están mal solo para que sus iguales la acepten. Pero si ponemos nuestra confianza en Dios, Él controlará nuestro futuro, y nadie será capaz de impedir que cumplamos nuestro destino ordenado por Dios.

Le animo a que se pregunte si está dejando que alguien le controle debido al temor a lo que esa persona pueda pensar, decir o hacer. Si es así, tome la decisión de ser libre de ello.

Dejar que continúe sin confrontarlo es una trampa que le hará tener una mísera existencia. Recuerde el versículo al comienzo de este capítulo: "Temer a los hombres resulta una trampa, pero el que confía en el Señor sale bien librado" (Proverbios 29:25).

No se pierda lo mejor de Dios

Dios tiene un plan para cada uno de nosotros, y es un plan muy bueno. Su plan es el mejor plan, pero si somos personas que quieren agradar a otros en vez de querer agradar a Dios, nos perderemos lo mejor y terminaremos conformándonos con lo que la gente quiera darnos.

Dios tiene un destino para cada uno de nosotros, algo que nos ha asignado hacer en su reino, pero para cumplir ese destino nuestro deseo de ser populares y caer bien a todos debe ser sometido a nuestro deseo de cumplir el plan que Dios tiene para nuestra vida. Todos queremos caer bien a los demás, ser amados, admirados, aceptado y aplaudidos, pero debemos tener cuidado de no querer tanto estas cosas que nos hagan desobedecer a Dios.

El apóstol Pablo fue uno de los apóstoles más grandes. Él escribió aproximadamente dos tercios del Nuevo Testamento y dijo que, si hubiera intentado ser popular con las personas, no se habría convertido en apóstol (Gálatas 1:10). Se habría perdido todo el gozo de servir a Dios como lo hizo.

Me aventuraría a decir que posiblemente millones de personas se han perdido su destino debido al temor a los pensamientos, palabras o acciones de otras personas. He descubierto en mi vida que cada vez que Dios estaba a punto de ascenderme a un nuevo nivel de ministerio, el

> *Posiblemente millones de personas se han perdido su destino debido al temor a los pensamientos, palabras o acciones de otras personas.*

diablo salía contra mí con la desaprobación de personas a las que yo no quería perder en mi vida en ese tiempo. Sufrí tremendamente en esta área hasta que finalmente entendí que Satanás era el que instigaba los ataques de esas personas en un intento de sacarme de la voluntad de Dios.

Cuando empecé a enseñar la Biblia por primera vez en un estudio en mi casa, familiares y amigos que no creían que las mujeres debían enseñar la Biblia me aislaron. Dios había tocado mi vida de una forma profunda, y al entrar en una relación más íntima con Él comencé a desear su voluntad más que cualquier otra cosa. No esperaba que las personas más cercanas no se alegraran por mí, pero ese resultó ser el caso.

Parecía que iba a perder algunos amigos si continuaba siguiendo a Dios. He experimentado eso muchas veces a lo largo de mi vida, y estoy segura de que usted también. Satanás usa el miedo al rechazo y la desaprobación, o el temor a lo que otros pensarán o cómo nos responderán, más que ninguna otra cosa para controlarnos.

Sea libre

Si pensamos en los héroes de nuestra fe mencionados a lo largo de la Biblia, notaremos que muchos de ellos tuvieron que hacer frente al miedo a los demás para convertirse en las personas que Dios quería que fueran.

Moisés, por ejemplo, tenía miedo a que el pueblo no le creyera si les decía que Dios lo había enviado a sacarlos de Egipto. Él sentía que no era un buen orador (Éxodo 4:10, 6:30), e incluso después de que Dios le prometió ayudarle a hablar y le enseñó lo que decir (Éxodo 4:12), él siguió intentando decirle a Dios que había escogido al hombre equivocado y le rogaba que enviara a otro (Éxodo 4:13).

Dios finalmente se enojó con Moisés y le dijo: "¿Y qué hay de tu hermano Aarón, el levita? Yo sé que él es muy elocuente... Tú hablarás con él y le pondrás las palabras en la boca; yo los ayudaré a hablar, a ti y a él, y les enseñaré lo que tienen que hacer. Él hablará por ti al pueblo" (Éxodo 4:14-16). Podemos ver en este ejemplo lo extraordinariamente paciente que es Dios con nosotros.

Hay ocasiones en las que Moisés habló al pueblo de parte de Dios, así que en algún punto debió superar su temor a hablar delante de otros. Moisés aprendió rápidamente que, si obedecía a Dios, siempre habría alguien a quien no le gustaría su decisión de hacerlo. Mientras Moisés intentaba llevar a los israelitas a la Tierra Prometida, ellos se quejaron durante toda su travesía por el desierto. Al margen de lo que Moisés y Dios hicieran, el pueblo parecía encontrar algo con lo que no estar felices. Una vez leí que al diez por ciento de las personas no les caeremos bien hagamos lo que hagamos. Leer eso me ayudó, porque me confirmaba otra vez que, si quería seguir a Dios, siempre habría alguien a quien yo no caería bien o que no aprobaría mis decisiones.

José tuvo un sueño de Dios sobre su destino, y cuando lo compartió con sus hermanos ellos se volvieron celosos y lo vendieron como esclavo (Génesis 37). Como mencioné en un capítulo previo, Dios ungió a David como rey, pero Saúl (que era rey en ese tiempo) se puso celoso de David y lo aborreció. También pasó muchos años intentando matar a David. Moisés, José y David, todos ellos continuaron para cumplir sus destinos, aunque tuvieron que confrontar el miedo a otras personas.

Estos hombres fueron grandes héroes de la fe, y sin embargo tuvieron que enfrentar sus miedos y superarlos, y sucederá lo mismo con nosotros. El apóstol Pedro ciertamente lidió con el miedo a las opiniones de otros porque tres veces negó conocer a Jesús (Lucas 22:54-62). Esto ocurrió durante el tiempo en el que los miembros del Sanedrín estaban interrogando a Jesús y cuando Poncio Pilato finalmente lo sentenció a muerte. Esta fue sin duda alguna una situación en la que Jesús necesitaba todo el apoyo de sus discípulos, pero Pedro le falló. Sin embargo, Jesús perdonó a Pedro, y llegó a ser el apóstol valiente e intrépido que fue.

Podemos ver en estas historias que el miedo a lo que otros piensen, digan o hagan puede atacar a cualquiera, sin importar cuán cerca esté de Dios. También podemos ver que podemos dejar atrás el temor y llegar a ser valientes y atrevidos.

Sea usted mismo

O bien será usted mismo, o intentará ser quien otras personas piensan que debería ser. Solo usted puede decidir quién será. Puede tener el gozo de ser fiel a usted mismo y seguir a Dios a medida que Él le guía, o puede acobardarse ante las demandas de las personas. Pablo nos enseñó que trabajáramos de todo corazón en todo lo que hiciéramos como si lo hiciéramos para el Señor y no para los hombres, sabiendo que nuestra recompensa vendrá de Él (Colosenses 3:23-24).

> O bien será usted mismo, o intentará ser quien otras personas piensan que debería ser. Solo usted puede decidir quién será.

Puede que gradualmente, incluso sin darnos cuenta, empecemos a caer en la trampa de querer agradar a las personas. Querer agradar a las personas está en la naturaleza humana y, de hecho, Dios nos dice que "nadie busque sus propios intereses, sino los del prójimo" (1 Corintios 10:24). Sin embargo, si para conseguir su aprobación tenemos que desagradar a Dios, siempre deberíamos escoger agradarlo a Él.

Si está haciendo cosas para las personas y no tiene paz al hacerlas o realmente no quiere hacerlas, pregúntese por qué las está haciendo. Quizá Dios le está pidiendo que haga por alguien lo que usted no quiere hacer, y si esa es su razón, entonces lo hará para obedecerlo y agradarlo a Él. Pero si lo está haciendo para que la persona no se enoje con usted o le rechace, entonces lo hace con la motivación errónea, y eso no agrada a Dios.

Una vez asistí a una iglesia que tenía pequeñas camarillas en la congregación. Los que eran considerados "parte" del grupo correcto eran invitados a fiestas, eran recomendados para formar parte del consejo de la iglesia, eran admirados y se les informaba bien de lo que estaba sucediendo en la iglesia. También sabían mucho sobre lo que sucedía en la mayoría de las personas que asistían a la iglesia. Decidí que quería ser parte de ese grupo, y aunque no era consciente de ello en ese entonces, solo quería ser parte porque era insegura y andaba buscando valía. Como la mayoría de las camarillas, esta tenía un líder, una mujer que lo controlaba, y para ser invitada al grupo necesitaba que ella me aceptara.

Iba a trabajar haciendo halagos a la líder, la mayoría de los cuales no eran sinceros, y me ofrecía para ayudarle siempre que podía. Enseguida fui aceptada y me hizo sentir muy bien, pero ahora sé que la situación no agradaba a Dios. De hecho, cuando Dios me llamó a enseñar su Palabra, ella fue una de las primeras personas que me juzgó, me rechazó y habló mal de mí. Conseguí su favor haciendo todo lo que ella quería, y la primera vez que hice algo que ella no aprobaba, se volvió contra mí.

Para agradarle a ella, no estaba siendo quien yo era. Todos aquellos con los que tratamos esperan algo distinto de nosotros, así que, si intentamos agradar a todos todo el tiempo, nos confundiremos, agotaremos, frustraremos y no seremos felices. Es importante para nosotros poner todo lo que vamos a hacer y cada paso que vamos a dar delante de Dios en oración. Proverbios 3:6 dice que, si lo reconocemos en todos nuestros caminos, Él dirigirá nuestra senda.

Los motivos por los que hacemos algo tienen que ver con el *porqué* hacemos lo que hacemos, no solo *qué* hacemos, y son muy importantes para Dios. No debemos hacer buenas obras para ser vistos, aplaudidos, o para que piensen bien de nosotros. Deberíamos hacer lo que hacemos por motivos de obediencia a Dios y porque lo amamos y amamos a los demás. Aunque Dios nos ha dicho que dar con sinceridad producirá una cosecha en nuestra vida (Lucas 6:38), disfrutar de una cosecha no es razón para dar. Deberíamos dar para bendecir a las personas y ser obedientes a Dios. Tener motivos puros siempre produce bendición de Dios, mientras que los motivos impuros no la producen.

A veces compruebo que, si le doy algo a alguien y no me da las gracias, me siento molesta. Después tengo que recordar que puede que Dios me esté probando para ver si lo hice para que me dieran las gracias y que pensaran bien de mí o simplemente para ser una bendición para otra persona.

Cambie la intimidación por intimidad con Dios

> Hay amigos que llevan a la ruina, y hay amigos más fieles que un hermano.
>
> Proverbios 18:24

Este versículo dice claramente que si intentamos ser amigos de todos iremos a la ruina, pero si escogemos a Jesús como nuestro mejor amigo, Él nunca nos decepcionará, no nos dejará ni se olvidará de nosotros, incluso cuando hagamos algo que no le guste. Él nos corregirá, pero no nos rechazará.

Antes de este capítulo hay una cita de Leonard Ravenhill, y quiero volver a llamar su atención al respecto: "Un hombre

> "Un hombre que tiene intimidad con Dios nunca se sentirá intimidado por los hombres". (Leonard Ravenhill)

que tiene intimidad con Dios nunca se sentirá intimidado por los hombres". ¿Por qué? Porque la intimidad con Dios trae claridad a nuestra vida y nos capacita para ver las cosas como son en realidad. La intimidad con Dios nos permite conocer nuestro propio corazón y discernir si nuestras acciones proceden o no de motivos puros. La intimidad con Dios nos protege de ser intimidados, manipulados y controlados por otras personas.

Sabemos que David fue el amado de Dios (Salmos 60:5; 108:6). Había una cosa que él buscaba, y era vivir en la presencia de Dios y contemplar su belleza todos los días de su vida (Salmos 27:4). Este versículo marcó un impacto importante en mi vida, porque me di cuenta de que yo estaba buscando muchas cosas y ninguna de ellas era vivir en la presencia de Dios. Naturalmente, me hubiera encantado hacer eso, pero no lo estaba buscando ni pidiendo, así que no debía ser muy importante para mí.

Yo servía a Dios en el ministerio y debo admitir que, en ese tiempo, estaba bastante orgullosa de mí por estar haciéndolo. Un día, Dios me recordó que, aunque estaba orgullosa de mí misma por servirlo a Él, no estaba pasando tiempo con Él y eso era lo más importante para Él. Lo que hacemos para Dios no significa nada si Él no es lo primero en nuestra vida.

Jesús nos enseñó a buscar primero el reino de Dios, y entonces todas las demás cosas que necesitamos nos serán añadidas (Mateo 6:33). ¿Es Dios lo primero en su vida? ¿Es Él más importante para usted que conseguir las cosas que le está pidiendo que le dé? Si usted tuviera que renunciar a todo por tener a Dios en su vida, ¿lo haría? ¿Lo haría yo? Imagino que no lo sabremos a menos que nos veamos ante esa decisión, pero espero y oro para que esté lo suficientemente cerca de Jesús para tomar la decisión correcta, sabiendo que sin Él estaría perdida y mi vida sería mísera.

Mientras más tiempo servimos a Dios, más aprendemos y

crecemos espiritualmente. Si algo de lo que está usted leyendo le parece desalentador, o representa para usted un estándar que cree que nunca será capaz de alcanzar, entonces el diablo le está mintiendo. Cada día que se mantiene pegado a Jesús, aprende alguna cosita y cada vez se vuelve más adicto a su presencia en su vida. No me puedo imaginar ahora cómo me las arreglé todos esos años en los que tan solo iba a la iglesia, pero nunca pensaba en Dios entre una reunión y otra salvo para hacer una corta oración en las comidas y antes de acostarme por la noche. No es de extrañar que mi vida se estuviera desmoronando, incluso siendo una cristiana que asistía a la iglesia. Una vez oí: "Deberíamos apartarnos y pasar tiempo con Dios si no queremos apartarnos literalmente".

Pasar tiempo con Dios simplemente significa hablar con Él, darle gracias por su bondad en su vida, orar por cosas que le preocupan, hacer preguntas mientras estudia su Palabra, compartir sus preocupaciones, y cualquier otra cosa que quiera hacer. Quizá le parezca difícil hacerlo porque está hablando con alguien a quien no puede ver, pero Dios sí puede verlo a usted y le encanta que lo invite a todo lo que hace. Puede que usted no vea a Dios con sus ojos, pero puede verlo obrando en su vida y en las vidas de las personas a su alrededor. Cada vez que eso sucede, le ayuda a abrir su corazón a Él incluso más.

Solamente asistir a la iglesia semana tras semana o incluso varias veces por semana se puede convertir en algo rutinario (algo que se hace meramente como un hábito), pero añadir a esa asistencia fiel a la iglesia una intimidad con Dios en su vida diaria hace que su relación con Él se vuelva emocionante y a menudo misteriosa. Si accedemos a seguir a Dios todos los días, tenemos que estar preparados para ser sorprendidos, porque quizá Él nos pida hacer algo que nunca hubiéramos pensado hacer.

Vivir en el Espíritu y por el Espíritu ¡es una forma fresca

y emocionante de vivir! Si está cansado de intentar dirigir su propia vida, escoger a sus propios amigos, y agradar a las personas que le rodean de formas poco sanas, deje que este sea un punto de inflexión para usted. Una palabra de parte de Dios puede cambiar su vida, y si Dios le está hablando a través de las palabras de este libro, le insto a dejar el miedo a lo que otras personas piensen, hagan o digan, y aferrarse a la amistad y una verdadera intimidad con Dios.

Se persuade más a los hombres con el temor que con la reverencia.

Aristóteles

¡Maravilloso!

Si alguien me hubiera dicho alguna vez que llegaría un momento en el que tendría miedo de Dios, me habría reído. A fin de cuentas, fui criada para amarlo y creer que era un Padre accesible que quería lo mejor para mí.

Pero después llegó un tiempo en el que esa creencia fue desafiada ferozmente. Como resultado de una situación que la gente decía que era "voluntad de Dios", sufrí una dolorosa pérdida. La situación me hizo preguntarme si Dios me estaba castigando por alguna mala actitud o conducta pecaminosa y tener miedo a lo que Él podría hacer después que me haría daño. Durante un tiempo comencé a tener miedo de Él de la misma forma en que la gente puede tener miedo de alguien lleno de ira o de alguien que suponga una amenaza para su seguridad o bienestar. Dios dejó de ser alguien seguro para mí.

Con el tiempo, debido a su incesante amor, comencé a ver que la situación *realmente* fue la voluntad de Dios. Él convirtió la pérdida en una gran restauración e hizo una obra de sanidad profunda y fortaleza en mi corazón. Fue entonces cuando mi miedo a Él, tal como entendemos hoy la palabra *miedo*, con todas sus connotaciones negativas, se convirtió en la clase de temor que entendían los escritores bíblicos. Cuando escribieron sobre "el temor del Señor" se referían a *temor* en el sentido de honor y reverencia abrumadora.

Un término contemporáneo que podría captar el corazón de la frase "el temor del Señor" es *asombro*. Dios es asombroso: asombroso en sabiduría, asombroso en amor, asombroso en perdón y asombroso en la forma en que nos sana, nos libera, y hace que todo obre para nuestro bien (Romanos 8:28). Cuando tenemos miedo de Él en la forma en que hoy pensamos en la palabra miedo, nos privamos a nosotros mismos de experimentar estas bendiciones. Cuando nos relacionamos con Él desde una posición de miedo, vemos que estamos frustrados y confundidos, pero cuando empezamos a verlo por quien Él es realmente, no podemos evitar sentir ese temor bíblico del Señor y decir: "Dios, ieres asombroso!".

—Beth

CAPÍTULO 17

Usted puede cambiar el miedo por el temor

Libre de los tipos erróneos de miedo

El comienzo de la sabiduría es el temor del Señor; conocer al Santo es tener discernimiento.

Proverbios 9:10

Según Proverbios 9:10, realmente no conocemos nada hasta que conocemos lo más importante que hay: el temor reverente de Dios. Todas las demás clases de temores son tipos erróneos de miedo y se deben resistir y superar. Pero hay un temor que es correcto, y es más valioso de lo que podamos imaginar. Estoy hablando del temor reverente de Dios, que nos hará libres de los miedos erróneos y atormentadores. Podemos literalmente cambiar un tipo de miedo por temor correcto.

Esto es algo confuso para algunas personas, porque han recibido mucha enseñanza sobre lo mucho que Dios las ama y lo compasivo y bueno que es, así que no se pueden imaginar tener que temerlo. Entienden la parte de ser libres de los miedos erróneos, pero les cuesta cuando alguien menciona el temor de Dios.

El temor reverente de Dios es completamente distinto a los

demás miedos, y cuando hablamos de ello, la palabra *temor* se utiliza en un contexto totalmente distinto al que se usa cuando hablamos del miedo en términos de estar asustados. El temor reverente es un temor respetuoso e impresionante, uno que dice: "Sé que Dios es todopoderoso y que lo que dice lo dice en serio. Él es bueno. Me ama, y siempre cuidará de mí". El énfasis está en la reverencia y el asombro, no en nuestro entendimiento común y actual del miedo. Si Él dice: "Haz esto y serás bendecido", podemos estar seguros por completo de que, si lo seguimos, tendremos bendiciones. Del mismo modo, si Dios dice: "Si haces esto otro, las cosas no te irán bien", deberíamos saber que Él también lo dice en serio y no hará excepciones con nadie.

Joy Dawson escribe en su libro *Forever Ruined for the Ordinary* (Arruinada para siempre para lo común): "El temor del Señor significa estar más impresionado con las reacciones de Dios a nuestras acciones que con las reacciones de otras personas". Realmente me gusta esa frase, porque si nos importa más lo que Dios piense de nuestras acciones que lo que la gente piense, no tendremos miedo a los demás porque lo tememos a Él.

Cualquiera puede ser perdonado por cualquier pecado. No hay límite en cuanto a cuántas veces puede ser perdonada una persona. Sin embargo, si seguimos haciendo lo que sabemos que está mal, pensando tan solo que podemos hacer cosas malas y a la vez conseguir un buen resultado, entonces estamos faltando al respeto a los mandamientos de Dios. Eso nunca resulta en algo bueno.

El temor reverente de Dios brilla por su ausencia en el mundo de hoy, pero también brilla por su ausencia en los corazones de muchos cristianos. Yo creo en lo personal que este tema se debería enseñar en cada iglesia al menos una vez o dos al año porque la gente pierde de vista cualquier asunto que no se mencione, incluso si es importante para la vida cristiana.

Conozco a una mujer encantadora que tiene casi cincuenta

años. Ha estado en la iglesia toda su vida y está en el ministerio, pero cuando menciono el temor reverente de Dios, eso
le confunde. No cree que deberíamos tener miedo de Dios por
ninguna razón. Yo estoy totalmente de acuerdo con ella si estamos hablando de cualquier tipo erróneo de miedo. No tenemos
que tener miedo a la ira, el rechazo o el castigo de Dios, pero
tenemos que saber que Él es sincero en todo lo que dice y que
no podemos limitarnos a escoger versículos de la Biblia que nos
gustan e ignorar el resto.

Puedo encontrar rápidamente al menos treinta y dos versículos bíblicos relacionados con el temor de Dios en el Antiguo
y el Nuevo Testamento. Si los versículos están ahí, no podemos
ignorar la verdad que nos presentan. Tenemos que entenderlos
y ver si los estamos aplicando en nuestra vida.

John Newton (1725-1807), quien escribió el popular himno
"Amazing Grace" (Sublime gracia), ciertamente debió haber
entendido el temor reverente de Dios, porque escribió estas
palabras en la canción:

> *Su gracia me enseñó a temer,*
> *Mis dudas ahuyentó;*
> *¡Oh, cuán preciosa fue a mi ser,*
> *al dar mi corazón!*

¡Él había cambiado el miedo por temor! Su revelación de la
gracia de Dios le hizo libre de los miedos erróneos, pero le dio el
temor reverente. John Newton había sido el dueño de un barco
de esclavos. Una vez se vio atra-
pado en una terrible y aterradora
tormenta y tuvo una experiencia en la que casi perdió la vida
en el mar. La situación le hizo
clamar a Dios y convertirse al

> *La revelación de la gracia de
> Dios hizo libre a John Newton
> de los miedos erróneos, pero
> le dio el temor reverente.*

cristianismo. Rápidamente vio el error de sus caminos y se sorprendió de que la gracia de Dios lo perdonara por completo. Finalmente, luchó contra la esclavitud y se convirtió en ministro anglicano. Antes de conocer a Dios, no tenía miedo a esclavizar a otras personas para su propio beneficio, pero en cuanto conoció a Dios, supo que eso estaba mal. De hecho, tuvo miedo a continuar haciéndolo porque no quería desagradar al Dios de toda gracia.

¿Cómo nos comportaríamos usted y yo en presencia de la reina Isabel II de Inglaterra? Ni siquiera es mi reina, pero yo tendría mucho cuidado de no comportarme neciamente o de forma inapropiada en su presencia. Lo haría por reverencia, sabiendo que estaba ante la presencia de alguien grande. Cuando nos damos cuenta de que siempre estamos en presencia de Dios y que Él ve y sabe todo lo que hacemos, también nos comportaremos mejor no porque tengamos miedo a que nos castigue si no lo hacemos, sino porque lo respetamos y reverenciamos.

Algunas conductas inapropiadas

Actualmente vivimos en lo que se considera una sociedad muy informal. La vestimenta es informal; tristemente, muchas veces las actitudes hacia las figuras de autoridad son informales; y la gente puede ser informal con respecto a la hora de llegar a las citas. Las personas que tienen actitudes informales en estas cosas puede que también lleven consigo esas actitudes a la iglesia. Permítame hacerle algunas preguntas, y podrá ver por usted mismo lo que piensa.

¿Deberíamos escribirle un mensaje de texto a un amigo en la iglesia mientras el pastor está hablando? ¿Quisiéramos que alguien nos hiciera eso si hubiéramos estudiado y preparado un mensaje que esperamos que ayude a las personas? Si creemos que Dios está hablando al pastor y a través del pastor, ¿no estamos siendo desconsiderados por no escuchar con atención?

¿Deberíamos entrar tarde regularmente en las reuniones y molestar a la gente que está intentando adorar a Dios o escuchando al que habla? Cualquiera puede llegar tarde ocasionalmente, pero si es un hábito regular, debería preguntarse si debe cambiar alguna actitud en su corazón. Quizá tiene que ver con no tener la suficiente reverencia por Dios.

¿O qué tal salir de la reunión mientras el pastor está haciendo una invitación para que la gente se arrepienta de sus pecados y reciba a Cristo? Cualquiera que sin más remedio tenga que salir temprano debería sentarse en la última fila para no interrumpir lo que está sucediendo mientras se levanta. Sé por experiencia propia en nuestras conferencias que a veces cientos de personas se levantan y empiezan a salir del edificio mientras yo estoy hablando con las personas sobre la eternidad e invitándoles a aceptar a Cristo como Salvador. Lo primero y más importante, interrumpir un momento así es irrespetuoso para Dios, porque la salvación es la decisión más importante en la vida de una persona. También es irrespetuoso para la gente que puede estar en el proceso de responder al llamado de salvación y para los que están intentando prestar atención u orando, y es irrespetuoso para la persona que está dirigiendo la reunión.

Si estamos sentados en el medio de una fila y empezamos a tener un poco de sed y decidimos molestar a veinte personas solo para dar un trago de agua, ¿es eso mostrar reverencia a Dios? Cualquiera que tenga una verdadera emergencia es libre de salir en cualquier momento, pero molestar en la reunión por una pequeña molestia es, a mi modo de ver, irrespetuoso. La Biblia dice que el amor no es irrespetuoso (1 Corintios 13:4-5). Piense en la diferencia que existiría en nuestro mundo hoy si la gente dejara de ser irrespetuosa. La falta de respeto es fruto del egoísmo; se trata de lo que nosotros queremos sin tener en cuenta para nada lo que otros quieren o necesitan.

Al ser de una generación distinta a la de muchas personas

de hoy, me doy cuenta de que quizá esté un poco anticuada, pero en verdad creo que, en nuestro esfuerzo por ser modernos, tal vez nos hemos deshecho de algunas cosas que deberíamos esforzarnos por recuperar.

Creo que las Escrituras respaldan el punto de que, si no tememos a Dios, tampoco respetaremos a las personas.

> Había en cierto pueblo un juez que no tenía temor de Dios
> ni consideración de nadie.
>
> Lucas 18:2

Recuerdo días en los que el respeto básico y los buenos modales dictaban que el hombre no maldijera delante de una mujer. Sin importar lo canalla que pudiera ser, él se comportaba como un caballero cuando estaba en presencia de mujeres, especialmente si no las conocía. Me alegra haber vivido en los tiempos en los que la palabra de un hombre era fiable y hacer un trabajo excelente era parte de su honor y algo que era muy importante para él. Incluso la mayoría de los hombres que no afirmaban ser cristianos mantenían estos principios. Respetábamos a quienes estaban en posiciones de autoridad, como oficiales de policía, jueces, maestros, jefes, pastores y otros. Como Dios ama tanto a las personas y mostró ese amor al enviar a su Hijo a morir por sus pecados y llevar el castigo que merecían, deberíamos tener temor reverente a no tratar mal a nadie, porque entendemos que todos son importantes para Dios.

> Deberíamos tener temor reverente a no tratar mal a nadie, porque entendemos que todos son importantes para Dios.

¿Cuántas personas hoy se esfuerzan por ser excelentes? ¿Están satisfechas la mayoría de las personas simplemente con ser mediocres? Recientemente en una conferencia, una de mis enseñanzas fue sobre decidir ser excelente. Tras la enseñanza, un maestro bíblico muy reconocido que probablemente tendrá treinta y tantos años y se ha criado en la iglesia, se acercó a mí y me dijo: "Nunca había escuchado algo así en toda mi vida". Continuó: "Esto será transformador para mí". ¿Cómo puede una persona estar en la iglesia toda su vida y nunca haber oído sobre la importancia de ser excelente? Siempre deberíamos recorrer la milla extra para hacer las cosas de la mejor forma posible, porque nuestro Dios es excelente en todos sus caminos (Mateo 5:41).

Temor reverente y poder

En sus primeros días, la iglesia por toda Judea, Galilea y Samaria tenía paz y estaba siendo edificada. A medida que los creyentes andaban en el temor del Señor y en el consuelo del Espíritu Santo, la iglesia crecía y se multiplicaba (Hechos 9:31). Veo en este versículo un punto muy importante: *caminaban en el temor del Señor y se multiplicaban*. El temor del Señor y el crecimiento de la iglesia parecían ir de la mano. Quizá necesitamos más temor del Señor y menos reuniones sobre cómo hacer que la iglesia crezca.

Sabemos que en el pasado algunas personas con ministerios muy públicos han sido condenadas por usar mal los fondos ministeriales. Han admitido adulterar, adicción a la pornografía, y utilizar su poder para controlar y maltratar a otras personas, todo mientras seguían en los púlpitos y predicando a otros regularmente, diciéndoles cómo vivir sus vidas. Estas cosas no habrían pasado si esos líderes hubieran caminado en un buen temor del Señor. O bien no habrían cometido los pecados en un principio, o si lo hubieran hecho lo habrían confesado y se habrían apartado de sus posiciones para buscar la restauración.

Noé construyó el arca porque en su corazón tenía respeto hacia Dios (Génesis 6). Abraham estaba preparado para ofrecer a su hijo como sacrificio cuando Dios le dijo que lo hiciera. Esto es lo que el Señor le dijo: "No pongas tu mano sobre el mucha-cho, ni le hagas ningún daño. Ahora sé que temes a Dios, por-que ni siquiera te has negado a darme a tu único hijo" (Génesis 22:12). Seguro que veríamos más obediencia en las vidas de los cristianos si ese mismo tipo de temor del Señor estuviera pre-sente hoy. Aquellos eran hombres con poder, que hicieron cosas asombrosas, y creo que esto está unido claramente a su temor reverente de Dios.

El apóstol Pedro ofreció una fórmula sencilla para que los cris-tianos puedan vivir por ella: "Den a todos el debido respeto: amen a los hermanos, teman a Dios, respeten al rey" (1 Pedro 2:17).

Los tiempos en los que vivimos son lo que yo llamaría "tiem-pos desesperados". Más que nunca, las personas necesitan a Dios, pero se están alejando de la iglesia como un lugar donde encontrarlo. ¿Qué respuesta podemos dar a esta situación tan perpleja? ¿No deberían las personas que quieren y necesitan a Dios poder mirar a la iglesia (a los cristianos en todo lugar) para encontrar la ayuda que necesitan? A veces lo hacen, pero terminan decepcionados porque el estilo de vida que ven no encaja con el mensaje que oyen.

Hay muchas iglesias maravillosas y asombrosas que repre-sentan a Dios muy bien, y les honramos y elogiamos. Son el remanente que mantiene viva la llama de la esperanza. Pero cuando se trata de la conducta cristiana, nunca deberían ser "algunas personas" o "algunas iglesias", sino "todas las perso-nas" y "todas las iglesias".

Si siente la necesidad de tener más poder en su vida o ministe-rio, asegúrese de tener un buen temor reverente y respeto por Dios.

Dos tipos de temor

John Newton cantó que la gracia le hizo libre del miedo y le enseñó a temer al mismo tiempo. Puedo entender la confusión de la gente cuando se menciona el temor de Dios, porque muchos han sufrido en gran medida con el tipo erróneo de temor de Dios.

Martín Lutero distinguió los dos tipos de temor llamándolos el temor "servil" de Dios y el temor "filial" de Dios. El temor servil es el que tendría un prisionero hacia un carcelero que tenía la capacidad de torturarlo. También es el tipo de temor que podría tener una persona por un amo que tenía el poder de abusar de él y a menudo lo hacía. El temor filial es lo que un niño sentiría por unos padres amorosos, un hijo que ama a sus padres tremendamente y quiere con todo su corazón agradarlos. Este temor reverente es lo suficientemente fuerte para mover a las personas a no hacer meramente lo que les plazca si saben que no es lo que agradaría a sus padres.

> El temor reverente de Dios nos hará libres de estar en esclavitud a los temores erróneos.

El temor reverente de Dios nos hará libres de estar en esclavitud a los temores erróneos. Cuando el apóstol Juan describe el estar cara a cara con Dios, dijo que se postró como si fuera un hombre muerto (Apocalipsis 1:17-18). Obviamente, reverenciaba mucho a Dios.

David habló de postrarse hacia el santo templo de Dios y dar gracias (Salmos 138:2). Queremos conocer el gran *amor* de Dios, pero también necesitamos conocer el gran *poder* de Dios.

> Yo tomaré venganza; yo les pagaré lo que se merecen».
> También dijo: «El Señor juzgará a su propio pueblo». ¡Es algo aterrador caer en manos del Dios vivo!
>
> Hebreos 10:30-31, NTV

¿Por qué es "algo aterrador" caer en manos de Dios? Dios ve todo como es exactamente. Si hay alguna simulación, Él la ve.

Dios ve todo lo que hacemos y sabe todo sobre nosotros, pero también nos ama tanto que, si algo no está bien, Él nos ayudará amorosamente a enfrentarlo y tratarlo. A menudo podemos engañar a la gente con fingimiento, pero no a Dios. Él trabaja con nosotros para obtener pureza en todas las cosas.

Dios nos ama demasiado como para dejarnos alguna vez solos en nuestro pecado. Él nos ayudará, aunque tenga que llevarnos a algunos lugares incómodos para hacerlo. Personalmente me encanta la convicción del Espíritu Santo, y lo tomo como una señal del amor de Dios, no como algo por lo que tengo que sentirme culpable. Cuando hacemos algo pecaminoso, tenemos una mala actitud, o tratamos mal a alguien, Dios nos hará conscientes de nuestra mala conducta, y eso es realmente bueno porque no podemos corregir las faltas que no vemos en nosotros mismos. Oremos para que Dios abra nuestros ojos y nuestros oídos para que podamos verlo y oírlo a Él claramente, y tengamos un profundo temor reverente y asombro de Él.

La riqueza no consiste en tener grandes posesiones sino en tener pocas necesidades.

Epicteto

Hacer a un lado los "¿qué pasará si...?"

En mi cuadragésimo cumpleaños, mi esposa y yo estábamos sentados en nuestro patio cuando dije: "Necesitamos decidir de una vez por todas si vamos a tener hijos". Llevábamos casados varios años y habíamos hablado algunas veces sobre comenzar una familia, pero nunca en serio.

Mi brillante idea era que mi esposa trabajara desde casa y criara a nuestros hijos. Su idea era que yo podía dejar mi empleo y quedarme en casa. Tenía sentido desde el punto de vista económico, pero ¿cómo iba yo a hacer eso? ¿Cómo se vería que un hombre dejara su trabajo para quedarse en casa con los niños y permitiera que su esposa sostuviera a la familia? Mi esposa me pidió que por favor dejara de pensar en las opiniones de millones de personas desconocidas en el mundo y decidiera por mí mismo si yo pensaba que era algo que podía hacer. Sabía que podía, si era capaz de dejar a un lado mi miedo a las opiniones de los demás.

Avancemos varios meses en el tiempo. Esperábamos a nuestra hija. Ya había avisado en el trabajo y pensaba dejar mi empleo a final de año. Lo notifiqué con tres meses de antelación, y en esos tres meses hubo momentos en los que me paralizó el miedo.

Pensaba: *¿Qué pasará si Celeste pierde su trabajo y nos quedamos sin sueldo? ¿Qué pasará si no puedo hacerlo? ¡No sé nada sobre criar a un hijo! ¿Qué pasará si le ocurre algo a la niña y yo no puedo encontrar otro empleo? ¿Qué pasará si... Y si... Y SI?????*

Mi último día en el trabajo fue difícil, y el miedo que sentí fue increíble. Sin embargo, sabía que tenía que hacerlo con miedo. Después de todo, esa era la única manera de lograr lo que Dios me había llamado a hacer.

Me quedé en casa con nuestros dos hijos durante nueve años. Fue el trabajo más difícil y más desafiante que he tenido jamás, ¡pero fueron definitivamente nueve de los mejores años de mi vida!

—Chuck

CAPÍTULO 18

Usted puede dejar de preocuparse por el dinero

Libre de los miedos financieros

Así que mi Dios les proveerá de todo lo que necesiten, conforme a las gloriosas riquezas que tiene en Cristo Jesús.

Filipenses 4:19

Pablo escribió estas palabras a quienes habían establecido una fiel colaboración con él dando y recibiendo. Ellos recibían del ministerio de enseñanza de Pablo, de su amor y de su bondad, y él recibía apoyo económico de ellos para ayudarle a continuar haciendo lo que estaba haciendo por ellos y por otros.

La Biblia incluye muchos versículos que nos enseñan los beneficios y las obligaciones de dar a otros. Si lo hacemos regularmente y con los motivos correctos, Dios siempre suplirá todas nuestras necesidades. Pablo dijo: "Si hemos sembrado semilla espiritual entre ustedes, ¿será mucho pedir que cosechemos de ustedes lo material? (1 Corintios 9:11).

Podría citar muchos versículos bíblicos que nos enseñan acerca de las bendiciones que podemos esperar al dar generosamente, pero he decidido enfocarme aquí en un pasaje que creo que lo incluye todo:

Recuerden esto: El que siembra escasamente, escasamente
cosechará, y el que siembra en abundancia, en abundancia
cosechará. Cada uno debe dar según lo que haya decidido
en su corazón, no de mala gana ni por obligación, porque
Dios ama al que da con alegría. Y Dios puede hacer que toda
gracia abunde para ustedes, de manera que siempre, en
toda circunstancia, tengan todo lo necesario, y toda buena
obra abunde en ustedes. Como está escrito: «Repartió
sus bienes entre los pobres; su justicia permanece para
siempre». El que le suple semilla al que siembra también le
suplirá pan para que coma, aumentará los cultivos y hará
que ustedes produzcan una abundante cosecha de justicia.
Ustedes serán enriquecidos en todo sentido para que en
toda ocasión puedan ser generosos, y para que por medio
de nosotros la generosidad de ustedes resulte en acciones
de gracias a Dios.

2 Corintios 9:6-11

Este pasaje se entiende claramente y, si lo obedecemos, producirá los resultados que promete. No tendremos que vivir con
miedos financieros porque veremos que la Palabra de Dios es
veraz. Si tiene temores con respecto a su dinero, quizá deba
comenzar a dar, y hacerlo con miedo, y aprenderá que Dios es
fiel a su Palabra. También podrá disfrutar de verlo a Él cuidar
de usted en vez de sentir la presión de tener que ser usted quien
cuida siempre de sí mismo.

Además de dar a otros, también debemos usar sabiduría con
las finanzas que tenemos. Quizá tiene dificultades económicas
porque no ha dado para ayudar a otros ni ha usado la sabiduría en el pasado, pero eso se puede corregir fácilmente. Cada
vez que haga lo correcto, revertirá algunos de los resultados
de las cosas malas hechas en el pasado. Dios nos perdona de

inmediato y de forma completa todos nuestros errores y pecados, pero a veces tardamos un tiempo en superar las consecuencias de las malas decisiones que hemos tomado en el pasado.

> Cada vez que haga lo correcto, revertirá algunos de los resultados de las cosas malas hechas en el pasado.

Esto en verdad es algo bueno, porque cualquiera que es librado demasiado rápido de los resultados de su mala conducta puede que vuelva a cometer los mismos errores una y otra vez. Dios es sabio y siempre hace lo correcto para nosotros, pero también lo hace en el tiempo preciso. Quizá pensemos que Él es demasiado lento, pero su tiempo en nuestra vida es verdaderamente perfecto. Quizá no entendamos por qué tenemos que esperar, pero hay una razón y Dios hará que todo obre para nuestro bien si lo amamos y obedecemos (Romanos 8:28).

Oración y confianza en Dios

Le animo a orar acerca de sus finanzas de forma regular, no solo cuando tenga escasez o alguna necesidad económica acuciante. Pídale a Dios que bendiga cualquier inversión que pueda tener, que proteja su dinero, que le dé buenos negocios, y que bendiga todo aquello en lo que se aventure. Confíe en Dios en todo tiempo para todo lo que necesite en su vida, y resista la tentación de tener miedo a que le falte.

No está mal orar por dinero, ni está mal pedirle a Dios que le bendiga económicamente. Hablé con una mujer que tenía miedo a perder su trabajo porque no llegaba a la cuota de ventas mínimas. Trabajaba en unos grandes almacenes, así que le sugerí que orase a Dios para que le enviara clientes y le diera favor con ellos. Había sido cristiana por más de treinta años, así que orar no era una idea nueva para ella, pero me preguntó: "¿Está bien orar por dinero?". Le dije que sí. Espero que siguiera el consejo y que aún tenga su trabajo y sea la principal vendedora allí. Creo que se estaba perdiendo algunas bendiciones solo porque pensaba que a Dios no le interesaba su sueldo. Pero a Él le interesa todo lo que nos preocupa, y nunca deberíamos tener miedo a orar y pedirle a Dios que nos ayude en cualquier área de nuestra vida.

Jesús dijo a sus discípulos que oraran: "Danos hoy nuestro pan cotidiano" (Mateo 6:11). Tenían que orar por provisión para ellos. La Biblia tiene mucho que decir sobre el dinero, incluyendo mucho sobre riqueza, avaricia, contentamiento, ahorros, mayordomía y dar. También habla sobre recordar que, si buscamos primero a Dios, Él añadirá las demás cosas que deseamos y necesitamos (Mateo 6:33).

> Deléitate en el Señor, y él te concederá los deseos de tu corazón.
>
> Salmos 37:4

La Biblia contiene unos quinientos versículos sobre la oración y algunos menos de quinientos sobre la fe, pero más de dos mil sobre finanzas. Dios nos da mucha enseñanza sobre el dinero porque la manera en que las personas manejan su dinero dice mucho sobre ellas.

Por ejemplo, Jesús dijo que, si somos fieles en lo poco, se nos pondrá a cargo de mucho (Lucas 16:10). Si observamos cómo manejan las personas las cosas pequeñas en sus vidas, sabemos de antemano cómo lo manejarán cuando tengan mucho. Algunas personas piensan que si tuvieran mucho dinero darían más a la obra de Dios, pero la verdad es que, si no damos una parte de lo que tenemos, por muy poco que sea, no daríamos si tuviéramos más.

La Palabra de Dios dice que no nos preocupemos por la provisión, sino que en cambio confiemos en Dios. Él le dará lo que necesite, bendecirá todo lo que toque, le dará éxito y le prosperará (Salmos 1:3; 118:25).

Este es uno de mis versículos favoritos de la Biblia que nos anima a no preocuparnos por las finanzas:

> Pues Dios ha dicho: Nunca te fallaré. Jamás te abandonaré.
>
> Hebreos 13:5, NTV

Mis miedos con respecto al dinero

Cuando era joven, tenía que ganarme mi propio dinero trabajando. Mis padres me daban de comer, me compraban la ropa y me daban un lugar donde vivir, pero eso era todo. Cualquier otra cosa que quisiera tenía que conseguirla yo misma. Incluso siendo ya adulta nunca sentí que tuviera a nadie que me ayudara económicamente si tenía alguna necesidad. Me preocupaba no tener suficiente y qué me pasaría si perdía mi trabajo. Siempre intentaba guardar algo de dinero para emergencias. Aunque esa es una forma sabia de vivir, en mí era un extremo y tenía mucho miedo en todo lo tocante a mis ahorros. Si tenía que gastar algo de lo que había apartado, me entraba el miedo.

Siempre buscaba la forma más económica de hacer todo, y dudaba siempre en gastar dinero en mí o en algo que no fuera absolutamente necesario. Mi esposo, por el contrario, no tenía ningún temor con respecto al dinero. Creció siendo bastante pobre, pero tenía una mamá que estaba llena de fe. Dave vio la provisión del Señor para ellos una y otra vez; por lo tanto, no tenía miedo a que Él no proveyera para nosotros.

Dave me dijo una vez que mi fe estaba puesta en nuestros pequeños ahorros, y hasta que no superara eso, Dios no nos bendeciría. Tenía razón. Yo había puesto mi confianza en mi cuenta bancaria, no en Dios. Tuviéramos el dinero que tuviéramos, a Dave nunca le daba miedo gastarlo en una necesidad válida y a veces en algo que simplemente quería. Yo envidiaba su libertad en las finanzas, pero hasta que en verdad comencé a "hacerlo con miedo", estuve atada. Lo que quiero decir es que tuve que aprender a gastar el dinero y también a ahorrarlo. Creíamos en diezmar de nuestros ingresos y lo habíamos hecho desde que nos casamos, pero seguíamos luchando económicamente, teniendo solo lo suficiente para sobrevivir hasta que confronté mi miedo con respecto al dinero.

No piense que estoy sugiriendo en modo alguno que usted deba gastar dinero simplemente para demostrar que no tiene miedo a hacerlo, sino que estoy sugiriendo que no tiene caso que Dios nos dé algo si vamos a negarnos a usarlo y disfrutarlo.

Dave tiene una fórmula para una buena economía. Siempre dice que debemos ahorrar algo, gastar algo y dar algo dentro de los límites de cada uno, y Dios aumentará esos límites. Estoy de acuerdo con él y recomiendo que ore para hacer de esa estrategia una parte de su vida.

Conozco a un joven que está casado y tiene dos hijos, y se comporta de forma similar a como yo lo hacía con respecto al dinero. Su mamá fue una madre soltera que no recibía ayuda de su exmarido, que era alcohólico. Estar bajo presión económica era la norma para ese joven y su madre. Su mamá se volvió a casar con un hombre muy bueno, pero mi amigo nunca se recuperó de la falta de ingresos que experimentó durante su niñez. Desde que ha escuchado mis enseñanzas ha cambiado en parte, pero admite que aún le cuesta gastar dinero. Prefiere ahorrarlo que gastarlo, así que, en efecto, disfruta muy poco de lo que tiene, y esa no es la voluntad de Dios para nosotros.

El Señor es mi pastor, ¡nada me faltará!

Quizá esté familiarizado con el Salmo 23. Algunas personas incluso lo han memorizado y saben que dice: "Jehová es mi pastor; nada me faltará" (Salmo 23:1, RVR1960). La palabra *faltará* es un sinónimo de *carencia*. El miedo a la carencia (el miedo a no tener lo que necesita) es posiblemente uno de los temores más grandes o más frecuentes con los que lidia la gente. Tenemos una necesidad inherente de preservación y empleamos mucho tiempo intentando asegurarnos de que se ocuparán de nosotros, así como de las personas que amamos.

Como hijos de Dios, tenemos el gran privilegio de confiar en que Él cuida de nosotros. Él nos dice una y otra vez que no tenemos que preocuparnos, pero me doy cuenta por experiencia propia de que no preocuparse es a menudo algo difícil de hacer. Dios no nos dice que no necesitamos trabajar; nos dice que no tenemos que preocuparnos.

Hay cosas que quizá tengamos que hacer con miedo para ser libres del temor a la carencia. Dé, aunque tenga que hacerlo con miedo; gaste según le guíe el Espíritu Santo, aunque tenga que hacerlo con miedo; y convierta sus preocupaciones en oraciones. Corrie ten Boom dijo: "La preocupación no vacía al mañana de su tristeza. Vacía al hoy de su fortaleza".

El dinero no es lo único que nos puede faltar. Necesitamos sabiduría, fortaleza, favor, creatividad, y cientos de otras cosas. A veces podemos sentir que nos faltan esos recursos también, pero podemos confiar en que Dios proveerá todo lo que necesitemos, no solo el dinero. Le animo grandemente a estar agradecido por lo que tiene mientras espera que Dios le dé más. Recuerdo un tiempo en el que me quejaba en mis oraciones porque apenas nos alcanzaban nuestras finanzas, y Dios

> *¿Por qué Dios tendría que darle más cuando se queja de lo que ya tiene?*

simplemente me habló al corazón, diciendo: "¿Por qué tendría que darte más cuando te quejas de lo que ya tienes?".

No tenga miedo a pedirle a Dios lo que quiere o necesita, pero no olvide estar agradecido por lo que tiene. La mayoría de nosotros necesitamos detenernos y pensar regularmente en cuán bendecidos somos, porque es fácil empezar a enfocarnos en lo que no tenemos y estar ciegos a lo que sí tenemos.

Un Dios abundante

No creo que la voluntad de Dios es que vivamos en la "Calle Lo justo para sobrevivir". Uno de sus nombres en el Antiguo Testamento es El Shadai, que significa "el Dios del más que suficiente". Una vez oí a un hombre enseñar sobre "la tierra de la carencia, la tierra de lo suficiente, y la tierra de la plenitud", y pensé que era muy revelador. Cuando uno ha vivido en la tierra de la carencia durante mucho tiempo, no pasa directamente de ahí a la tierra de la plenitud; primero debe pasar por la tierra de lo suficiente. Ese es el lugar donde Dios provee para usted, pero no tan abundantemente como a usted le gustaría. Esta tierra es una tierra de prueba, un lugar importante para mantenerse fiel dando y confiando en que Dios le dará abundancia en el momento adecuado.

"El momento adecuado" es muy importante. Por fortuna, Dios nos ama demasiado como para darnos más de lo que podamos manejar y seguir manteniéndolo a Él como lo primero en nuestra vida. Cuando oro por provisión, siempre le pido a Dios que me bendiga, pero que no me dé más de lo que pueda manejar y seguir poniéndolo a Él primero. Las cosas tienen la habilidad de alejarnos de Dios, y eso es lo último que deberíamos desear que ocurriera.

Sea generoso

Ser generoso es ser espléndido y abundante. Una persona generosa comparte gustosamente. Creo que significa hacer más de lo que debemos, o ser una persona que realmente busca oportunidades para dar y ser de bendición para otros. Sugiero que le pida a Dios que le muestre a quién puede bendecir. Esta mañana le pregunté a Dios a quién podía animar, y al instante llegó el nombre de una mujer a mi corazón, así que le llamé. Hablamos un rato, y me dijo que fue de mucho ánimo para ella que me tomara el tiempo para llamarla. Acabo de recibir un mensaje de texto suyo que dice: "Eres la mejor. Tu llamada de teléfono significó un mundo para mí hoy". Lo único que demandó de mí fue un poco de tiempo, pero significó muchísimo para ella.

No toda la generosidad está relacionada con el dinero. Se puede expresar simplemente escuchando, acercándonos o ayudando a alguien de formas prácticas. Mientras más generosos seamos, menos egoístas seremos, y una razón por la que Jesús vino a la tierra fue para que dejáramos de vivir para nosotros (2 Corintios 5:15). La persona más miserable del mundo es la que es el centro de su mundo. Ese tipo de personas piensan solo en su propia comodidad personal, necesidades y deseos.

> La persona más miserable del mundo es la que es el centro de su mundo.

A menudo tratan mal a otros para conseguir lo que quieren, y ese tipo de comportamiento no le agrada a Dios. Él quiere que sembremos semillas buenas acercándonos a otros, y después Él producirá una cosecha en nuestra vida de esas buenas semillas que hemos sembrado. Deje de preocuparse por cómo cuidar de usted mismo y deje que Dios lo haga. Haga su parte y confíe en que Dios hará lo que solo Él puede hacer.

Manténgase libre de deudas

Una de las mejores maneras de evitar la presión económica es mantenerse libre de deudas. O si ya tiene deudas, comience ahora mismo a trabajar para conseguir deshacerse de ellas. Estar en deuda significa que ha gastado su sueldo antes de recibirlo. Si se gasta hoy la prosperidad de mañana, entonces cuando llegue el mañana tendrá carencia. Debemos aprender a ser pacientes y esperar a conseguir las cosas hasta que hayamos ahorrado el dinero para poder comprarlas.

Hay algunas compras, como una casa o un automóvil, para las que quizá tenga que pedir un préstamo y después pasar años haciendo pagos, pero incluso un automóvil se puede comprar con dinero en efectivo si ahorra un poco cada mes para el siguiente que tendrá que comprar en un futuro. Si está haciendo pagos de la hipoteca, compruebe si puede pagar un poco más cada mes para reducir la cantidad general, porque eso le ahorrará mucho dinero en intereses a la larga.

La Biblia nos anima a no deber nada a nadie sino el amor (Romanos 13:8). También dice: "Así como el rico gobierna al pobre, el que pide prestado es sirviente del que presta" (Proverbios 22:7, RVR1960).

No deje que el diablo le convenza de que nunca podrá salir de la deuda o que es demasiado tarde para usted. Eso es exactamente lo que él quiere que piense. Quiere que usted se rinda incluso antes de intentarlo. Si hace su mejor esfuerzo Dios le ayudará, pero Él no lo hará todo por usted mientras usted sigue malgastando dinero o comprando cosas que debería esperar para comprar. Si ha tardado mucho tiempo en meterse en

deudas, no espere salir de la noche a la mañana. Puede suceder, y probablemente sucederá, que tomará mucho tiempo
de trabajo muy duro y esperar para comprar cosas que realmente quiere ahora mismo, pero al final su diligencia valdrá
la pena. Saldrá de la deuda y no se preocupará por su carencia
en la vida. La deuda crea presión y ansiedad, y estoy segura de
que usted no quiere o necesita ni una cosa ni la otra, así que
empiece a reducir su deuda hoy. Aunque solo pueda hacer un
poquito cada día, si sigue haciéndolo y no se rinde, finalmente
será financieramente libre.

Que sus decisiones reflejen sus esperanzas, no sus temores.
Nelson Mandela

"Hágalo con miedo" suena bien hasta que tiene que hacerlo usted

Tras catorce años de trabajar en un ministerio que me encantaba, comencé a sentir que Dios empezaba a llevarme en una nueva dirección. No puedo enfatizar lo suficiente lo que me gustaba mi empleo y cuán satisfecho estaba en el trabajo que realizaba.

Con el paso del tiempo, el pequeño sentimiento inicial aumentó plenamente, y sabía que tenía que seguir a Dios. Es difícil expresarlo con palabras, pero el día que tomé la decisión de seguir a Dios en mi interior fue el mismo día en que el miedo comenzó a desplomarse a mi alrededor *externamente*.

Pero en lugar de apoyarme totalmente en Dios, seguí apoyándome en el temor, y aunque no estoy orgulloso de ello, empecé a recorrer el camino de buscar varias razones por las que ni decisión *no era* de Dios. Le recordé lo siguiente: "¡Tú me trajiste aquí!". "¡Trabajo para un ministerio!". "¡Mi sistema de apoyo está aquí!".

Para mí, el miedo siempre aparece en forma de preguntas, como: "¿Qué pasa si esto es algo mío?". "¿Qué pasará si estoy cometiendo un grave error?". "¿Cómo les diré a mi esposa y a mis hijos que estoy desarraigando a mi familia y que nos mudamos al otro lado del país?".

¿Cómo silencié las preguntas y superé mi miedo? Bueno, resulta que la persona para la que trabajaba era Joyce Meyer, y cada vez que trabajaba en una conferencia, ella hacía afirmaciones durante su enseñanza como: "Dios prefiere que haga algo incómodo y que le mantiene en su voluntad perfecta a que se mantenga cómodo y se conforme con menos". *Está bien*, pensaba. Eso captó mi atención.

Teníamos otra conferencia, y ella comenzaba a enseñar y decía: "Tomar decisiones drásticas es difícil, pero si le está pidiendo mucho a Dios, será mejor que esté dispuesto a crecer y hacer cosas difíciles. Y si sencillamente no está seguro, tiene que lanzarse y averiguarlo. Y si tiene que hacerlo con miedo, *hágalo con miedo*. Sus sentimientos cambian, pero la promesa de Dios siempre le sostendrá".

"Sí, Dios, te escucho", le dije finalmente. Sin embargo, aunque eso ayudó a calmar mis miedos, no los eliminó por completo. Para eso, tuve que mantenerme en su Palabra y encender la emisora de la confianza. Aunque había oído el mensaje de "hágalo con miedo" durante catorce años, era una historia diferente hacerlo yo mismo. No fue algo como "¡Oh, sí, Joyce! ¡La gente necesita aprender a hacerlo con miedo!", sino en cambio: "Tengo que aprender a hacerlo con miedo *yo mismo*". En retrospectiva, qué pérdida habría sido para mí si después de todos esos años de sentarme bajo una gran enseñanza, hubiera descubierto una forma de esquivar lo que sabía que tenía que hacer. Hacerlo con miedo no era una opción; era la *única* opción. ¡Así que lo hice!

—Matt

CAPÍTULO 19

Usted puede creer que le esperan cosas buenas

Libre del miedo al futuro

*Porque yo sé muy bien los planes que tengo para ustedes
—afirma el Señor—, planes de bienestar y no de calamidad,
a fin de darles un futuro y una esperanza.*

Jeremías 29:11

A todos nos gustaría saber qué nos deparará el futuro. Quizá tengamos una ligera idea de cuál será nuestra carrera profesional, pero con respecto al futuro Dios deja fuera muchos detalles y simplemente nos dice que su plan es para bien y no para mal. Él tiene preparado para nosotros un futuro lleno de esperanza.

El miedo al futuro es uno de los temores más frecuentes que tienen las personas. Está basado en el miedo a lo desconocido, y definitivamente queremos saber todo lo que ocurrirá antes de que ocurra. El miedo más antiguo y más fuerte es el miedo a lo desconocido. No nos gustan los cambios no solicitados. Queremos un plan pequeño y bonito para nuestra vida, con la

> El miedo más antiguo y más fuerte es el miedo a lo desconocido.

oportunidad de una aprobación previa de todos los detalles, pero nunca tendremos eso. Querer algo que no ha tenido nunca nadie y que nunca tendrá es una gran pérdida de tiempo y energía emocional. Dios simplemente dice: "Tu futuro será bueno. ¡Confía en mí!".

Confiar en Dios es uno de los temas principales de la Biblia. Las palabras *fe, creer* y *confianza* se ven una y otra vez. Estas son formas para recibir de Dios, y nos ayudan a desarrollar una relación sólida con Él que no se tambalea ni siquiera durante las circunstancias más difíciles. Eliminan la preocupación, y eso, por supuesto, incluye la preocupación por el futuro. La confianza nos permite disfrutar de la paz que sobrepasa todo entendimiento. De hecho, confiar en Dios es lo que nos permite disfrutar de la vida. Sin ella, no encontramos descanso para nuestra alma.

Ni siquiera sabemos de cierto qué sucederá en los próximos cinco minutos, y mucho menos dentro de un año o más a partir de ahora. Dios nos alienta a confiar en Él día a día. Es fácil hablar de confiar en Dios, pero hacerlo es a menudo más difícil.

Algunas personas tuvieron buenos padres que siempre proveyeron para ellos y los protegieron, pero muchos no tuvimos ese fundamento en nuestra infancia de ser capaces de confiar. La mayor parte de nuestra vida hemos tenido que cuidar de nosotros mismos. Los que han tenido buenos padres finalmente tienen que aprender a cuidar de sí mismos, y nunca es fácil soltar algo de lo que hemos llegado a depender. Aprender a depositar nuestra ansiedad sobre Dios es posiblemente una de las cosas que nos resulta más difícil de hacer, pero es la entrada a la vida buena que Dios quiere para nosotros. Sin la capacidad de dejar nuestras ansiedades, siempre estamos preocupados por una cosa u otra, y estamos ansiosos por cómo nos irán las cosas.

Tras entrar en una relación con Dios, comenzamos a aprender que Él quiere que confiemos en Él y que nos apoyemos en

Él en todas las cosas. Esto no significa que no hacemos nada mientras Dios lo hace todo por nosotros; significa que confiamos más en Él de lo que confiamos en nosotros mismos o en cualquier otra persona. Tenemos el privilegio de confiar en nuestro Señor para nuestra protección, provisión, fortaleza y sabiduría, y ciertamente para el futuro. Puede usted relajarse porque tenga lo que tenga el futuro para usted, Dios sabe todo al respecto y Él irá delante y planificará cada uno de sus pasos.

> El Señor mismo marchará al frente de ti y estará contigo; nunca te dejará ni te abandonará. No temas ni te desanimes.
>
> Deuteronomio 31:8

Si llevara a sus hijos a hacer senderismo por las montañas y estuviera en un territorio que exigiera mucha precaución para no sufrir algún accidente, usted iría delante de sus hijos para asegurarse de que el camino es seguro. Nosotros somos hijos de Dios, y Él hace lo mismo por nosotros.

El miedo a lo desconocido

¿Cómo reaccionaría usted si alguien le dijera: "Tengo que hablar sobre algo con usted, así que me gustaría que nos reuniéramos o tener una cita por teléfono la próxima semana"? ¿Esperaría la conversación con entusiasmo, esperando que la persona querrá hablar con usted sobre algo bueno? ¿O se preocuparía pensando que seguramente estará molesto con usted?

¿Qué ocurriría si el jefe le deja un mensaje el lunes diciendo que quiere reunirse con usted el viernes a las cuatro de la tarde? ¿Se llenarían sus pensamientos de fe o de temor? ¿Tendría miedo a que le despidieran? O tal vez pensaría: *¡Quizá me van a dar un ascenso o un aumento de sueldo!*

La naturaleza humana, por lo general, nos empuja hacia lo

> La naturaleza humana, por lo general, nos empuja hacia lo negativo, a menos que lo rechacemos y decidamos ser positivos.

negativo, a menos que lo rechacemos y decidamos ser positivos. Mírelo de este modo: usted puede agarrar la gripe, pero tiene que escoger la buena salud. Satanás nos lanza pensamientos negativos constantemente, y podemos agarrarlos si no tenemos cuidado y estamos vigilantes, pero también podemos escoger pensamientos positivos.

En el caso de la reunión del viernes por la tarde, los pensamientos que usted escoja determinarán el tipo de semana que tendrá mientras espera para saber qué quiere decirle exactamente el jefe. Esto es más fácil para las personas con algún tipo de temperamento que para otros. Dave es más paciente y llevadero con las cosas que muchas personas, y nunca se preocupa por nada. Esperar una semana para saber lo que quiere decirle alguien no le inquieta en absoluto. Ni siquiera pensaría en ello hasta el momento de hablar. Yo, por el contrario, sin mucha ayuda del Espíritu Santo estaría muy inquieta preguntándome e intentando razonar en mi mente qué podría decirme la persona.

Antes de conocer a Jesús, pensar y razonar eran mis únicas opciones, pero cuando Dios vino a mi vida y me ofreció la confianza en Él como otra opción, comencé a aprender a hacerlo. Sigo aprendiendo, pero ya he recorrido un largo camino.

Las personas quieren saber tan desesperadamente qué les deparará el futuro que gastan mucho dinero hablando con los supuestos médiums que afirman poder predecir lo que sucederá. Según IBISWorld.com, hay alrededor de noventa y cuatro mil empresas que ofrecen estos servicios, y se calcula que producen aproximadamente dos mil millones de dólares al año.

¡Me gustaría que la gente me diera esa cantidad de dinero por decirles su futuro! Es el mismo mensaje para todos: cree en Dios, y tu futuro será bueno. Eso podría resultar desafiante a veces, pero la vida con Dios sigue siendo la mejor opción disponible. Es triste cuando las personas están dispuestas a gastar tanto dinero en hablar con alguien que afirma poder predecir el futuro cuando podemos hablar con Dios gratis.

Dios no quiere que busquemos a médiums o brujas ni ningún otro tipo de adivinación. Él verdaderamente se ofende cuando recurrimos a estos medios para indagar sobre el futuro, porque nadie conoce el futuro salvo Él mismo.

> No acudan a la nigromancia, ni busquen a los espiritistas, porque se harán impuros por causa de ellos. Yo soy el Señor su Dios.
>
> Levítico 19:31

> Nadie entre los tuyos deberá sacrificar a su hijo o hija en el fuego; ni practicar adivinación, brujería o hechicería; ni hacer conjuros, servir de médium espiritista o consultar a los muertos. Cualquiera que practique estas costumbres se hará abominable al Señor, y por causa de ellas el Señor tu Dios expulsará de tu presencia a esas naciones. A los ojos del Señor tu Dios serás irreprensible. Las naciones cuyo territorio vas a poseer consultan a hechiceros y adivinos, pero a ti el Señor tu Dios no te ha permitido hacer nada de eso.
>
> Deuteronomio 18:10-14

Muchos cristianos buscan los servicios de adivinos o médiums, sin darse cuenta de que Dios lo ha prohibido. Una vez trabajé con una muchacha que no programaba una cita en la peluquería sin consultar a las estrellas para ver qué momento del mes era mejor para hacerse un corte de cabello. Había comenzado a hablar conmigo con bastante frecuencia sobre astrología y signos del zodiaco, y era intrigante para mi razonamiento. En ese tiempo yo era cristiana, pero como no estaba totalmente comprometida con Dios, sentía que me faltaba algo. El diablo estaba esperando una oportunidad para intentar satisfacer esa hambre con algo que envenenara mi vida, como la astrología. Por fortuna, antes de tener la oportunidad de usarla a ella para arrastrarme a algo que no era bueno, Dios tocó mi vida y me llevó a una relación más profunda con Él.

La Biblia dice que habrá señales en el sol, la luna y las estrellas antes de la segunda venida de Jesús (Lucas 21:25). Las estrellas son hermosas, y ciertamente tienen una función en la creación de Dios, pero no debemos buscar en ellas consejo o conocimiento sobre el futuro. La gente que está metida en la astrología quizá le pregunte bajo qué signo nació usted, y mi respuesta a esa pregunta es "la cruz". Es una buena ocasión para decirle a alguien que usted busca el consejo de Dios y que ellos también pueden hacerlo.

Sí, la gente probará muchas cosas para intentar averiguar qué les deparará el futuro, pero es probablemente bueno que Dios no nos deje saberlo, porque si supiéramos todo lo que iba a suceder en nuestra vida, creo que la vida sería muy aburrida. Parece que a Dios le gusta el misterio, y a la mayoría de nosotros también. No tenemos que buscar uno, porque nuestro futuro es el mayor misterio de todos. Se despliega diariamente y contiene muchas sorpresas. Sí, habrá decepciones y situaciones dolorosas, pero si confiamos en Dios, Él tomará esas cosas y las mezclará con todas las cosas buenas haciendo que formen parte de una gran bendición combinada en nuestra vida.

Aunque mi padre abusó de mí sexualmente y mi madre me abandonó, Dios sanó mi alma herida y ahora me permite usar mi pasado para ayudar a otros que han sido heridos. Mi primer esposo era infiel, mentiroso y ladrón, pero después de él llegó Dave, que ha sido mi maravilloso esposo por más de cincuenta y tres años. Si usted está herido ahora o ha sufrido alguna injusticia, puede esperar que Dios haga algo bueno después de su dolor.

Creo que el temor está detrás de la obsesión de conocer el futuro. Más que ninguna otra cosa, a la mayoría de nosotros nos causa curiosidad porque queremos intentar evitar resultar heridos o ser infelices.

Nuestro dolor grita: "¡Es demasiado! ¡La vida es demasiado dura de soportar!". Pero Dios grita aún más fuerte: "Yo estoy aquí y tengo un plan bueno para tu vida, ¡así que no te rindas!".

Sé por experiencia propia que en algún momento en medio de nuestro sufrimiento debemos comenzar a creer que algo bueno va a suceder. Cuando lo hacemos, eso abre la puerta para que Dios intervenga con su asombroso poder.

Siéntase cómodo con no saber

Dios trabajó conmigo durante mucho tiempo mientras me enseñaba cómo estar cómoda con no saber lo que iba a suceder y cuándo iba a suceder. El apóstol Pablo dijo:

> Me propuse más bien, estando entre ustedes, no saber de cosa alguna, excepto de Jesucristo, y de este crucificado.
>
> 1 Corintios 2:2

¿Tuvo quizá Pablo un problema con querer saber cosas que Dios no le estaba diciendo aún? Pablo era un hombre muy inteligente y bien educado, así que no es una locura pensar que podía ser un pensador. Los que somos pensadores podemos fácilmente pasar mucho tiempo pensando en cosas en las que sencillamente deberíamos confiar en que Dios se ocupará de ellas o nos guiará a ocuparnos de ellas.

Trabajaba en este libro justo después de almorzar con una

mujer que no sabía nada sobre lo que yo estaba escribiendo, y le pregunté qué tipo de cosas le hacían sentirse estresada. Ella dijo enseguida: "El miedo a lo desconocido". Entonces le dije que actualmente estaba escribiendo un libro sobre el miedo y que estaba en mitad de un capítulo sobre el miedo al futuro. Ella dijo que pensar en la jubilación y los asuntos económicos le hacían estar inquieta. Es soltera y necesita ayudar económicamente a dos miembros de su familia. Ayuda a uno de ellos porque es muy mayor y a otro por algún problema mental. El sueldo de su trabajo fluctúa porque es temporal, y nunca está segura de lo que ganará. No tiene a nadie de quien depender salvo a Dios, y me dijo que tiene que hablar continuamente con el Padre (Dios) sobre estas situaciones para conseguir tener calma.

Me gusta que sigue hablándole al Padre hasta que se calma. Por fortuna, todos lo tenemos a Él para poder hablarle. Él es nuestro Consolador y nos da mejores consejos que nadie. No tenemos que conocer el futuro mientras conozcamos a Aquel que sí lo conoce.

> No tenemos que conocer el futuro mientras conozcamos a Aquel que sí lo conoce.

Las personas experimentan diferentes miedos basados en la situación particular de sus vidas. Una persona soltera lidia con temores que una persona casada no tiene. Un padre siente miedos que alguien sin hijos no siente. Todos tenemos la misma oportunidad de confiar en Dios y hacerlo con miedo, sin importar cuál pueda ser nuestra situación concreta. Deberíamos seguir avanzando incluso aunque nuestras rodillas tiemblan de vez en cuando y sentimos algunas mariposas en el estómago.

Yo antes era una persona muy entrometida que quería saber lo que le pasaba a todo el mundo y lo que ocurría en cada situación en el trabajo, en la iglesia, en el vecindario, en la escuela de mis hijos y en otros lugares. Pero ahora solo quiero saber lo que tengo que saber para hacer lo que se supone que debo hacer. El resto solo sobrecarga mi mente e irrita mi alma. Miro adelante hacia el futuro, pero cuando pienso en él admito que es un misterio total. Aunque pensemos que lo tenemos todo controlado, no es así. Dios está lleno de sorpresas. En tiempos distintos en mi vida he sido una adolescente que sufría abuso, una divorciada con un hijo, camarera, directora de créditos, oficinista, mamá ama de casa y mujer casada con cuatro hijos, pero terminé en el ministerio enseñando la Palabra de Dios y escribiendo más de cien libros. En aquel entonces cuando era camarera, nunca me hubiera imaginado que mi futuro sería lo que estoy haciendo ahora, ¡ni en mis sueños más alocados! Créame, su futuro será mucho mejor de lo que podría imaginar si se mantiene a bordo con Dios y permite que Él tome el timón.

Claro que el miedo asomará su fea cara frecuentemente, pero lo único que tiene que recordar es que Dios está con usted y que puede hacerlo, ¡aunque tenga que hacerlo con miedo!

Pero ahora tras haber visto al invisible no tengo miedo de lo que me pueda hacer el hombre.

Anne Hutchinson

No tenga miedo a dar el paso

El miedo era común en la atmósfera en mi trabajo corporativo a los diecisiete años porque cada pocos años se producían despidos. Pensé en irme muchas veces, pero tenía demasiado temor a hacer el cambio.

Según pasaban los años, me fui inquietando más. El trabajo que estaba haciendo dejó de interesarme y de darme satisfacción. Mi empleo ya no "encajaba" conmigo, y había una pregunta molesta que inquietaba cada vez más mi corazón: *Dios, ¿qué quieres que haga con mi vida?*

Él me dio instrucciones claras de que dejara la empresa y me abrió la puerta de par en par. Tuve que tomar la decisión de atravesarla. ¿Tenía miedo? ¡Claro que sí! Estaba aterrada de entrar en el abismo de lo desconocido: *¿Qué tipo de trabajo iba a buscar? ¿Qué pasaría si no encontraba pronto un empleo? ¿Qué ocurriría con las facturas que tenía que pagar?*

Al fin y al cabo, Dios nunca dijo cuándo llegaría mi nueva oportunidad o cuál sería; simplemente dijo: "Confía en mí".

Durante ese tiempo de espera lleno de temor, descubrí el programa de televisión de Joyce Meyer y lo veía diariamente. Cuando ella decía muchas veces que tenemos que "hacerlo con miedo", me sentí empoderada con una nueva mentalidad. Dios me estaba cambiando, y el miedo estaba siendo podado de mi personalidad.

Después de tres años y diez meses (llevaba la cuenta), Dios me sacó de mi sala de espera hacia mi nueva oportunidad: a seis estados y once horas de distancia de mi ciudad natal. Antes, me había dado miedo viajar para tener entrevistas de trabajo en lugares mucho más cercanos a mi casa que esos. Esta vez, sobrenaturalmente, no tenía miedo.

Descubrí que mientras más dejaba a Dios estar en mi vida, más pequeño se hacía mi temor, hasta que se fue. En su lugar, el día que llené mi automóvil y me fui estaba llena de emoción, no de temor, ante la novedad, esperanza y expectativa de esta aventura.

Lo estaba haciendo, ¡y ya no tenía miedo!

—Rebecca

CAPÍTULO 20

Usted puede confiar en Dios en cada situación

Libre del miedo a que sucedan cosas malas

Invócame en el día de la angustia; yo te libraré y tú me honrarás.

Salmos 50:15

La palabra *angustia* cubre una variedad de situaciones desagradables. Puede significar que estamos experimentando dificultades, inconvenientes, preocupación, ansiedad, aflicción, afán, inquietud, irritación, vejación o molestia. También se refiere a algo que provoca alarma, aflicción o tormento. Todas estas cosas no las queremos e intentamos evitarlas, pero nunca lo conseguimos, al menos por completo.

Jesús nos dijo que en el mundo tendríamos aflicciones, y su consejo fue que nos alentáramos porque Él había vencido al mundo (Juan 16:33). También dijo que nos dejaba su paz especial, no la clase de paz que ofrece el mundo, ¡sino su paz! Añadió: "No se angustien ni se acobarden" (Juan 14:27). En el mundo, si las personas consiguen todo lo que quieren a su manera y todas sus circunstancias son buenas, creen que tienen paz, pero la paz de Dios es totalmente distinta. Está disponible para nosotros cuando nada sale como queremos y cuando encontramos problemas, dificultades y tribulación.

Pablo escribió a Timoteo que los problemas aumentarían en los últimos días. Fue muy específico y mencionó muchas situaciones que estamos experimentando hoy: personas que cada vez están más "llenas de egoísmo y avaricia; serán jactanciosos, arrogantes, blasfemos, desobedientes a los padres, ingratos, impíos, insensibles, implacables, calumniadores, libertinos, despiadados, enemigos de todo lo bueno, traicioneros, impetuosos, vanidosos y más amigos del placer que de Dios" (2 Timoteo 3:2-4). Hoy experimentamos todo eso en un grado mayor que en años previos, y muchas personas tienen miedo a los tiempos que vivimos. La Biblia incluso dice que en estos tiempos el corazón de la gente desfallecerá por el temor (Lucas 21:26, RVR1960).

Cuando Jesús nos advierte de los problemas con antelación, creo que lo hace no para que no tengamos miedo, sino para que estemos preparados. Los que creen en Jesús no tienen necesidad de tener miedo, porque además de darnos advertencias de lo difíciles que serán los últimos tiempos, también ha prometido cuidar de nosotros y no permitir que seamos tentados más de lo que podamos soportar (1 Corintios 10:13).

Puedo entender que los incrédulos vivan con miedo, porque hoy oímos reportes regulares de personas que simplemente van a comprar y reciben un disparo fortuito mientras están fuera. En los últimos años hemos tenido tiroteos masivos en escuelas, universidades, cines, conciertos, centros comerciales, un club nocturno, varias iglesias, una oficina, una base militar, un campo naval y otros lugares comunes y corrientes. La mayoría de las personas muertas no fueron escogidas por algo que hicieron. Simplemente fueron muertos o heridos por dónde estaban cuando el agresor comenzó los disparos. Además, hemos tenido ataques terroristas, uno de los peores el ataque del 11 de septiembre sobre las torres gemelas del World Trade Center de la ciudad de Nueva York y el Pentágono, en el que murieron 2996 personas.

El mundo está lleno de conflictos, disputas, discusiones y odio. Podría escribir y escribir sobre las terribles condiciones que hay en el mundo, pero prefiero convencerle de que por muy mal que se ponga la situación, no tiene que vivir con temor. Deberíamos usar la sabiduría, ser cautos, prestar atención a lo que está ocurriendo a nuestro alrededor, cerrar la puerta, no dejar a los niños desatendidos en lugares públicos y usar el sentido común, pero de nuevo, permítame decir que no tenemos que vivir con temor.

No temo peligro alguno

El miedo es un callejón sin salida, pero la fe siempre tiene un futuro. El miedo no ve ninguna salida, pero la fe cree que Dios abrirá un camino. El salmista David dijo: "No temo peligro alguno" (Salmos 23:4). La definición de Dios del mal, según la visión cristiana, es cualquier acción, pensamiento o actitud que es contraria al carácter o la voluntad de Dios.

> El miedo es un callejón sin salida, pero la fe siempre tiene un futuro.

Satanás es el maligno (Mateo 13:19), y todas sus obras son malas, pero no tenemos que tener miedo porque Dios nos dirigirá y nos ayudará a vivir vidas pacíficas y agradables en medio de la agitación y los problemas.

En cambio, todos los que me escuchan vivirán en paz, tranquilos y sin temor del mal.

Proverbios 1:33, NTV

La historia bíblica relata muchas ocasiones en las que Dios protegió a su pueblo, incluso aunque el desastre y el mal sepultó a los malvados. En Sodoma y Gomorra, Él envió ángeles para advertir a Lot y su familia que dejaran la ciudad antes de que fuera destruida (Génesis 19:12-16). Cuando Dios envió un diluvio que destruyó toda la tierra, salvó a Noé y su familia porque eran justos (Génesis 7:1-5). Cuando Dios envió las diez plagas sobre Egipto por su maldad, la Biblia dice que Dios protegió a su pueblo que vivía en un lugar llamado Gosén (Éxodo 8, 9).

No hay razón para que pensemos que Dios no protegerá a los que creemos en Él de los males de los últimos tiempos. Esto no significa que no vayamos a experimentar problemas, dificultades y tribulaciones, pero Dios nos protegerá. En Marcos 4, Jesús corrigió a los discípulos porque tenían miedo de una tormenta que arreciaba sobre ellos. Quería que confiaran en Él.

En un momento durante su ministerio, Pablo dijo que se había abierto una gran oportunidad y con ello llegaron muchas adversidades (1 Corintios 16:9). Satanás usa los problemas con la esperanza de hacer que nos alejemos de las oportunidades que Dios nos da, pero deberíamos estar siempre firmes y no retroceder por el miedo (Hebreos 10:39).

El apóstol Santiago nos dijo que deberíamos ser pacientes en medio de varias pruebas y tribulaciones (Santiago 1:2-3). La paciencia es un fruto del Espíritu que crece solo bajo las dificultades. Ni siquiera un pequeño músculo del cuerpo humano puede crecer o fortalecerse sin resistencia. Nuestra fe es como un músculo; debemos ejercitarla para que crezca.

Nuestra fe es probada

No sé por lo que pueda estar pasando en este momento de su vida. Quizá es una época muy buena, pero quizá puede ser muy difícil o incluso trágica. Tal vez ha perdido a un ser querido, o ha perdido su trabajo con todos sus beneficios de jubilación y seguros. Quizá está enfermo o con mucho dolor, o quizá esté lidiando con la depresión, o quizá tiene algunos retos como cuidar de unos padres ancianos. Confiar en Dios es fácil cuando no tenemos problemas, pero confiar en Él cuando estamos luchando es algo muy distinto. Es algo que debemos escoger hacer, quizá varias veces al día.

Satanás dibuja en nuestra imaginación un cuadro desagradable de todas las cosas terribles que podrían pasar, pero podemos apartar la mirada de sus distracciones y mirar a Jesús, quien ha prometido no dejarnos nunca y quien es nuestro consolador (2 Corintios 1:3-4) y nuestra fortaleza.

La Palabra de Dios nos dice repetidamente que nuestra fe será probada:

> Queridos hermanos, no se extrañen del fuego de la prueba que están soportando, como si fuera algo insólito.
>
> 1 Pedro 4:12

> Esto es para ustedes motivo de gran alegría, a pesar de que hasta ahora han tenido que sufrir diversas pruebas por un tiempo. El oro, aunque perecedero, se acrisola al fuego. Así también la fe de ustedes, que vale mucho más que el oro, al ser acrisolada por las pruebas demostrará que es digna de aprobación, gloria y honor cuando Jesucristo se revele.
>
> 1 Pedro 1:6-7

Estos versículos básicamente nos dicen que las pruebas feroces probarán nuestra fe. Eso no suena agradable, pero lo crea o no, tiene un lado positivo. Si pasamos por las pruebas y no nos apartamos de Dios crecemos espiritualmente, y nuestra fe que ha sido probada se hace más fuerte de lo que era previamente.

Prepare su mente

Aunque sabemos que enfrentaremos tiempos de dificultad, debemos preparar nuestra mente para creer que cuando lleguen esas dificultades seremos fuertes en Cristo, y que con su ayuda estaremos firmes en la fe. Estar comprometidos y mentalmente preparados para ir hasta el final con Dios hará que sea más fácil hacerlo cuando llegue el momento.

A Dave *le encanta* jugar al golf. Le pregunté cómo pensaba él que sería si llegara un momento en el que no pudiera seguir jugando, y dijo: "Ya he pensado en ello, y he preparado mi mente para poder disfrutar igualmente de la vida".

Cuando era joven él tenía migrañas, y siempre temía que llegaran por cómo le hacían sentir y el dolor que le producían. Pero Dios le habló a su corazón diciéndole que no se dejara impresionar por los dolores de cabeza, porque podía seguir disfrutando de su vida. Él actuó basado en eso, y cuando llegaba un dolor de cabeza decía: "No me impresiona", y los dolores de cabeza se iban por completo.

Si lo que Satanás está haciendo no nos afecta negativamente, entonces se detendrá y esperará otra oportunidad.

En los tiempos de dificultades puede renovar su mente meditando y declarando la Palabra de Dios. Le lanzo un desafío: durante los siguientes treinta días, varias veces al día, declare las palabras del apóstol Pablo:

> Pues todo lo puedo hacer por medio de Cristo, quien me da las fuerzas.
>
> Filipenses 4:13, NTV

Hacer esto le ayudará a fijar su mente en la dirección correcta y a prepararse para la victoria antes de que la necesite.

Somos más que vencedores en Cristo (Romanos 8:37), y si

verdaderamente lo creemos, entonces no tenemos que temer el mal. Cuando nos veamos ante un tiempo difícil, sabremos que cuando llega es temporal, y que Dios, que nos ama, hará que sea para bien en nuestra vida (Romanos 8:28).

Personas han llegado a decir que tener una enfermedad grave cambió su vida de forma positiva porque les hizo darse cuenta de lo que es verdaderamente importante. Cuando se recuperaron, cambiaron para mejor.

Si tiene un problema tan grande que nadie, excepto Dios, puede ayudarle, le hará buscarlo a Él como nunca antes. He escuchado que no somos aptos para un milagro hasta que nuestro problema sea tan grande que solamente Dios puede arreglarlo.

No todas nuestras pruebas y dificultades ponen en riesgo nuestra vida. Muchas son meramente molestas o fastidiosas,

> No somos aptos para un milagro hasta que nuestro problema sea tan grande que solamente Dios puede arreglarlo.

pero Dios las usa para estirar nuestra fe o ayudarnos a tener más paciencia. La razón de que eso suceda puede ser para que podamos tener más compasión por otros que están heridos, pero sea lo que sea, si mantenemos una buena actitud y seguimos confiando en Dios, Él se asegurará de que a la larga nos beneficie. Lo que nuestro enemigo quiso que fuera para mal, Dios hace que sea para bien (Génesis 50:20).

Dolorosamente maravilloso

Creo que puedo decir, como muchos de ustedes, que mi vida ha sido dolorosa. He tenido que lidiar con el abuso sexual, el divorcio, un aborto, cáncer de mama, dos operaciones de cadera, una cirugía menor de espalda, operación de juanetes, rechazo, abandono, crítica y un juicio injusto. He batallado contra el miedo, la duda, la ansiedad, el razonamiento, los celos, la inseguridad, la ira y la amargura, y esto es solo el comienzo de una lista que podría ser bastante larga. Sí, ha sido doloroso, ¡pero a la vez maravilloso! Si miro mi vida en general, tengo que decir que ha sido increíble. ¡Asombroso! ¡Estupendo! ¿Querría regresar y borrar todo el dolor? Tendría que decir no porque no creo que sería capaz de apreciar las cosas buenas de mi vida como las aprecio si no hubiera experimentado ese dolor.

Incluso el abuso sexual en mi infancia, por horrible y malo que fue, me ha ayudado a ser la persona que soy hoy. No creo ni por un segundo que Dios diseñara esa horrible experiencia para mi bien, pero Él ha hecho que de ello salgan cosas buenas.

La manera en que nuestro dolor nos influencia depende en parte de nuestra actitud. Sé que probablemente habrá oído la frase: "Puede amargarse o mejorar", y realmente es así. Su actitud le pertenece a usted, y es algo que nadie salvo usted mismo puede controlar.

He conocido a personas que han tenido pruebas muy pequeñas y se han dado el lujo de amargarse y llenarse de autocompasión, y he conocido a otras que han sufrido cosas trágicas, pero se han mantenido amables y han ayudado a otros. No se quejan. De hecho, parecen ser de las personas más agradecidas que conozco.

Tuvieron que tomar una decisión, y decidieron bien, tomaron una decisión que les permitió sacar el máximo de la vida y usar su dolor para su propio beneficio y para beneficio de otros. Practicaron el soltar las cosas tras sus espaldas y proseguir hacia lo que tenían por delante.

Quizá usted está leyendo este libro ahora mismo y reconoce la necesidad de un ajuste de gratitud en su vida. Si es así, tan solo decida hacer ese ajuste y pídale a Dios que le ayude. Sea persistente día a día y niéguese a rendirse hasta que consiga la victoria completa. Tome los limones que le ha dado la vida y hágase un pastel de limón con mucha crema por encima. Puede vencer al diablo en su propio juego si aprende a jugar según las reglas de Dios. No se enoje ni se preocupe por las personas que intentan hacer mal, sino confíe en el Señor y siga haciendo el bien (Salmos 37:1-3).

Filipenses 1:28 (NTV) es un versículo maravilloso que nos muestra claramente cómo quiere Dios que respondamos a las tácticas del diablo:

> No se dejen intimidar por sus enemigos de ninguna manera. Eso les será por señal a ellos de que serán destruidos, mientras que ustedes serán salvos, aun por Dios mismo.

Este versículo me ayudó mucho, y creo que, si lo estudia pensando en las palabras y lo que realmente dicen, también le ayudará a usted. Nos enseña que ser constantes y valientes cuando el enemigo nos ataca es una señal clara de su inminente destrucción. Para Dios, es algo seguro y evidencia de nuestra inminente liberación. En otras palabras, el diablo ve que no puede controlarle, y Dios ve que usted confía en Él y le libra.

No durará para siempre

Sea cual sea el problema que pueda estar enfrentando ahora, no durará para siempre. Solo piense en las demás cosas que ha soportado en la vida, y aún sigue aquí. Esos problemas se han ido, y probablemente ahora usted es más sabio y más fuerte que antes.

El miedo a los problemas venideros es realmente peor que pasar por ellos. Podría temer algo durante años y superarlo en dos meses. Una mujer embarazada me dijo una vez que le daba miedo que cuando llegara el momento en que naciera su bebé, le dolería. Le dije que no tenía que seguir teniendo miedo a eso porque definitivamente le dolería, pero lo superaría y el dolor se le olvidaría en cuanto tuviera a su precioso bebé en sus brazos. Así fue, lo superó e incluso lo volvió a hacer. No tiene sentido tener miedo a lo inevitable. Si decide que quiere ser médico, no puede evitar los muchos años de estudio y los años de residencia que tendrá que soportar, pero cuando eso pase, será médico para el resto de su vida.

Dispóngase a pasar por lo que sea necesario para convertirse en lo que verdaderamente quiere ser o para tener lo que verdaderamente quiere tener. Si tiene que perder peso puede hacerlo, pero probablemente tendrá hambre al menos durante un tiempo hasta que su estómago se reduzca a un tamaño normal. Nuestra adicción a la comodidad, a menudo, nos aleja de la libertad y los logros que necesitamos. Quizá tenemos que curtirnos un poco y no esperar que todo en la vida sea fácil. Estamos ungidos con el poder de Dios, y eso significa que podemos hacer cualquier cosa que tengamos que hacer en la vida y hacerlo con una buena actitud, sin miedo a nada.

> *Nuestra adicción a la comodidad, a menudo, nos aleja de la libertad y los logros que necesitamos.*

En primer lugar, déjenme expresar mi firme creencia en que lo único a lo que debemos tener miedo es al miedo mismo, el terror indescriptible, irracional, injustificado que paraliza los esfuerzos necesarios para convertir la retirada en avance.

Franklin D. Roosevelt

¿Quién va a proteger a mi familia?

Uno de mis mayores temores es no estar lo suficientemente preparado para un gran desastre. O no lo suficientemente preparado si un intruso entra en mi casa. Siempre he sido muy planificador, así que me preocupan todas las cosas que podrían suceder.

No me catalogaría a mí mismo como un "previsor", porque no tengo garrafas de agua acumuladas en mi sótano junto a comida deshidratada suficiente para sobrevivir un año entero, pero intento asegurarme de que mis bases estén cubiertas.

Con los años, he descubierto que mi miedo está arraigado en la presión de proteger y sostener a mi familia. Como varón, cargo con la responsabilidad de que su seguridad está en mis manos. Y ese pensamiento es abrumador. Significa proveer para ellos económicamente con un trabajo estable. Significa proveer para ellos emocionalmente siendo un esposo y un papá presente. Significa proveer seguridad tanto dentro como fuera de nuestro hogar.

Como cristiano, siempre me han enseñado a confiar en Dios en todo, que Él es nuestro proveedor. Digo que confío en Él y que creo que Él siempre proveerá, y verdaderamente lo creo, pero mis pensamientos y acciones a veces demuestran lo contrario. Por lo tanto, ¿cómo encuentro el balance entre confiar de verdad en que Dios suplirá todas mis necesidades, incluyendo una situación de desastre o la protección de mi familia, pero también uso la sabiduría que Dios me da para prepararme de modo lógico?

Si no tengo cuidado, puedo volverme loco con afán y temor y permitir que mis pensamientos se me escapen. Puedo estar tan agotado en mi mente por estas cosas que comienza a dolerme el estómago. El miedo me puede hacer sentir mal físicamente.

Pero he llegado a darme cuenta de que no puedo controlarlo todo. No puedo estar con mi esposa y mis hijos las 24 horas del día para mantenerlos a salvo. Quizá algún día no estaré junto a ellos para proveerles económicamente. Pero Dios sí puede hacerlo. Él es un gran Dios. Tengo que darle un poco más de mérito del que le doy. Él conoce mi corazón, y sabe que estoy haciendo lo máximo que puedo. No tengo que tener miedo a no hacer lo suficiente, porque Él lo tiene todo controlado.

—Mike

CAPÍTULO 21

Usted puede relajarse

Libre del miedo a no hacer lo suficiente

Porque por gracia ustedes han sido salvados mediante la fe; esto no procede de ustedes, sino que es el regalo de Dios, no por obras, para que nadie se jacte.

Efesios 2:8-9

Hicimos una encuesta en nuestra oficina y le preguntamos al equipo qué les gustaría preguntarle a Jesús si pudieran sentarse con Él un rato. La pregunta número uno resultó ser "¿Cómo puedo saber cuándo estoy haciendo lo suficiente?". Sabía que yo había sufrido con esta pregunta persistente, pero no tenía ni idea que tantas personas también habían sufrido. Suponía que mi adicción a "hacer" provenía de las inseguridades que se derivaban de que mi padre hubiera abusado sexualmente de mí. Creo que sentí por muchos años que tenía que demostrar mi dignidad y valía, pero por fortuna, la verdad que se encuentra en la Palabra de Dios me ha hecho libre de eso. Sin embargo, admito sin dudarlo que sigo teniendo punzadas de sentimientos de que quizá no he trabajado lo suficiente en un día dado.

Tras mi cirugía de cadera, mi hija se quedó conmigo durante unos días. Ella y Dave estaban intentando cuidar de mí, pero yo quería *hacer algo*. Mi hija me preguntó: "¿Por qué no puedes estar quieta?".

Yo respondí que no quería ser perezosa. Ella me miró con rareza, y después comenzó a reírse de forma histérica. Dijo: "Si alguien está en peligro de volverse perezosa, ¡esa no eres *tú*!". Dijo eso porque sabe que siempre quiero asegurarme de hacer lo suficiente.

Soy una persona muy responsable, y parte de mi deseo de asegurarme de hacer lo suficiente puede venir de ahí, pero principalmente estaba arraigado en el miedo a que Dios no se agrade de mí si no hago lo suficiente. Ese temor venía de mi padre, quien no valoraba nada el divertirse y parecía agradarse de mí solamente cuando yo estaba trabajando. Puedo recordar que me metía en problemas por reírme. Mi padre era un hombre muy infeliz, y parecía molestarle que alguien a su alrededor estuviera contento.

Quizá usted también lucha con el miedo a no hacer lo suficiente, pero no tuvo una infancia marcada por el abuso. De hecho, fue todo lo contrario. Sus padres eran geniales; usted se sintió amado; le iba bien en la escuela y tuvo otras experiencias positivas. Así que se pregunta: "¿Por qué soy así? ¿Por qué me cuesta tanto descansar sin sentirme culpable?". Creo que nuestra sociedad nos da la impresión de que mientras más trabajamos

> ¿Por qué me cuesta tanto descansar sin sentirme culpable?

y más tenemos, más valiosos somos. Aunque eso no es cierto, si lo creemos, aunque sea de forma subconsciente, esa creencia nos influirá de forma negativa.

Dios nos redime

Dios redime todo lo que el diablo nos ha robado. Para los cristianos, la palabra *redimir* significa que Jesús compró nuestra libertad con el precio de su sangre, la cual fue derramada para nuestra redención. Él me ha restaurado muchas cosas que en mi infancia me fueron robadas y también a través de otras relaciones disfuncionales. Una de ellas es la libertad de siempre tener miedo a no hacer lo suficiente.

Si usted lidia con este mismo miedo, Dios quiere hacer lo mismo por usted. Cristo nos liberó para que vivamos en libertad (Gálatas 5:1). Cualquier tipo de temor es una atadura, y Dios quiere liberarnos de ello. No podemos ser libres de algo que no reconocemos como un problema. Es posible que algunas personas, quizá incluso usted mismo, hayan tenido un miedo en concreto la mayor parte de su vida sin tan siquiera darse cuenta de que no deberían haber sentido lo que ese temor les hace sentir. No hemos de tener miedo a no hacer lo suficiente, porque por mucho que hagamos, nunca podrá ser suficiente. Por eso Jesús hizo todo lo que era necesario y ya no se necesita ningún sacrificio más. Recuerde siempre que el sacrificio de Jesús fue perfecto, y nunca tenemos que añadir nada más. No hay cantidad de "acción" que podamos hacer para que Dios nos ame más de lo que nos ama ahora mismo.

Entender esto me ayudó a comprender por qué, por lo general, vivía con un sentimiento de culpa de bajo nivel si estaba descansando o viendo televisión. Dios me mostró que me sentía culpable porque no pensaba que merecía disfrutar de mí misma a menos que hubiera hecho todo mi trabajo. El problema con ese tipo de pensamiento erróneo es que por mucho que hagamos, siempre hay más que se puede hacer. Debemos hacer lo mejor que podamos cada día y después descansar y disfrutar lo que necesitemos para recuperarnos a fin de poder comenzar de nuevo al día siguiente.

Obviamente, esto no significa que no debamos disciplinarnos para hacer el trabajo que tengamos que hacer, o que sea permisible ser perezosos y poco productivos. El trabajo es importante, pero el descanso es igual de importante que el trabajo.

Hechos aceptables

Somos hechos aceptables ante Dios mediante nuestra fe en Jesucristo. Por lo tanto, no tenemos que hacer cierta cantidad de trabajo o hacer cierto número de sacrificios para que Él nos acepte. Trabajar para ser aceptados quizá sea el estándar del mundo, pero no es el de Dios.

Ya no tenemos que preguntarnos: *¿Oré lo suficiente? ¿Leí la Biblia lo suficiente? ¿Vi demasiada televisión? ¿Estoy dando lo suficiente? ¿Fui lo suficientemente amable con otras personas?* Nuestra mente se puede llenar de preguntas del tipo "¿soy suficiente?", y la respuesta a cada una de ellas es "Sí, soy suficiente por medio de Jesús, que murió por mí y ha resucitado de los muertos". Si Dios nos da convicción de que tenemos que hacer algo, entonces por todos los medios debemos hacerlo y pronto, recordando que le obedecemos porque le amamos y no para ganarnos nada de Él. El Espíritu Santo nos dirá cuándo tenemos que trabajar más, estudiar más, o hacer más de algo, pero Él también quiere que sepamos cuándo tenemos que dejar a un lado el trabajo y descansar y disfrutar.

Preguntarnos si quizá Dios esté decepcionado o quizá incluso enojado con nosotros representa un tipo de temor. Es uno de los tipos de temor más opresivos porque nunca nos permite descansar sin sentirnos culpables. Si tuviera tres hijos y cada mañana acudieran a usted y le preguntaran: "¿Qué podemos hacer hoy por ti para que nos aceptes?", probablemente usted se ofendería de que no creyeran que usted los ama sin que tengan que hacer nada para merecerlo. Si nuestros hijos hacen algo por nosotros, queremos que lo hagan porque verdaderamente quieran hacerlo, no porque piensen que tienen que hacerlo para así comprar nuestro amor con sus buenas obras.

Queremos que nuestras oraciones tengan respuesta, pero no tendrán respuestas debido a nuestra perfección. Cuando oramos en el nombre de Jesús, estamos presentándole a Dios todo lo que Jesús es, no todo lo que nosotros somos. De lo contrario, oraríamos en nuestro propio nombre.

> Pueden pedir cualquier cosa en mi nombre, y yo la haré, para que el Hijo le dé gloria al Padre. Es cierto, pídanme cualquier cosa en mi nombre, ¡y yo la haré!
>
> Juan 14:13-14, NTV

Jesús invita al cansado a acudir a Él

Jesús dijo que cuando estuviéramos cansados, cargados o sobrecargados, deberíamos acudir a Él y nos daría descanso (Mateo 11:28). Por favor observe que no dijo: "Vengan a mí y yo les daré una lista de cosas que hacer". Cuando estamos cansados, Jesús quiere que entremos en su descanso, que es un tipo de descanso que nos refresca mentalmente, emocionalmente, físicamente y espiritualmente. Es un descanso completo. Lo necesitamos, y Dios quiere que lo tengamos.

En Mateo 11:29, Jesús dijo que lleváramos su yugo y aprendiéramos cómo hace Él las cosas. Jesús no solo descansó *del* trabajo, descansó *mientras* trabajaba, y podemos aprender a hacer lo mismo. Si estudiamos la palabra *descanso* en su lenguaje original griego del Nuevo Testamento, aprendemos que inicialmente se tradujo como descansar "de" algo. En realidad, no es solo un descanso del trabajo, sino una invitación a aprender a hacer lo que tenemos que hacer en fe y descanso en lugar de hacerlo con miedo y cansancio.

Cuando Jesús ascendió al cielo, envió al Espíritu Santo a la tierra para ayudarnos. Él quiere que lo invitemos a ayudarnos con todo lo que hacemos. Si estamos haciendo la voluntad de

Dios, el Espíritu Santo nos da la gracia para hacerla, y eso nos permite llevarla a cabo con una calma santa. Cuando intentamos frenéticamente hacer las cosas por nosotros mismos mientras tenemos miedo a no estar haciendo lo suficiente es cuando trabajamos y sentimos la sobrecarga. Pero incluso si ese caso lo describe a usted en este momento de su vida, tiene una invitación a "venir a Jesús" y aprender a entrar en su descanso único.

Todos los requisitos de Dios han sido satisfechos en Jesucristo. Él vino a la tierra y se hizo carne para hacer por nosotros lo que nunca podríamos haber hecho por nosotros mismos. Lo que Él pide a cambio es que le creamos, que pongamos nuestra fe y confianza en Él, y simplemente lo obedezcamos como prueba de nuestra confianza. Si entendemos y creemos que lo que Jesús hizo por nosotros lo hizo por amor y no por nuestras obras, entonces podemos hacer las obras con gozo y una calma santa. Y podemos hacerlas porque amamos a Jesús.

> *Todos los requisitos de Dios han sido satisfechos en Jesucristo.*

Trabajo hecho con un corazón puro

El único trabajo que hacemos que es aceptable para Dios es el que hacemos con un corazón puro. Hablando de forma práctica, ¿qué significa eso?

1. El trabajo que se hace para Dios se debe hacer puramente porque lo amamos.
2. El trabajo que se hace para Dios se debe hacer en obediencia a Él y a su Palabra.
3. El trabajo que se hace para Dios se debe hacer en fe, apoyándonos por completo en Él para su éxito.

4. El trabajo que se hace para Dios no se debe hacer para ser vistos y aprobados por las personas, o para conseguir su aplauso, admiración o reconocimiento. La pureza de nuestras motivaciones es el deseo de Dios, y también debería ser el nuestro.

La Biblia nos enseña que cuando estemos delante de Dios para que nuestras obras sean juzgadas, pasarán por el fuego y solo las que sean puras serán recompensadas. El resto arderá, y no tendremos la recompensa que deberíamos haber tenido si hubieran sido puras. Seremos salvos, pero perderemos cualquier recompensa que pudiéramos haber disfrutado (1 Corintios 3:12-15).

Yo amo al Señor, y quiero mis recompensas cuando llegue al cielo. Por eso hago el esfuerzo de examinar mi corazón y asegurarme siempre de que mis motivaciones para el trabajo que hago para el Señor sean puras. A veces nos engañamos a nosotros mismos y no conocemos verdaderamente nuestro corazón, así que dependo de que Dios me revele cualquier motivación impura que pueda tener.

El salmista David invitó a Dios a examinar su corazón y ver si había algún camino de maldad en él (Salmos 139:23-24). Seríamos sabios en seguir ese ejemplo, porque Dios sabe más sobre nuestro corazón que nosotros. Nunca tenemos que sentir *condenación* (Romanos 8:1), pero tenemos que recibir la *convicción* del Espíritu Santo con respecto a la conducta que no sea agradable a Él. La convicción no es algo negativo; es positivo. Para mí, es la forma que tiene Dios de mostrarme su amor y mantenerme alejada de los problemas.

Cuando oramos, damos, estudiamos la Palabra de Dios, o hacemos algún tipo de buenas obras, no deberíamos hacerlo esperando conseguir la aprobación de Dios. Ya tenemos su aprobación porque creemos en Él. Como Él envió a su Hijo a

morir por nosotros mientras estábamos aún muertos en nuestro pecado (Colosenses 2:13-14; Romanos 5:8), creo que es evidente que nos ama incondicionalmente y de ningún modo se
basa en ninguna buena obra que hagamos.

No sea tan duro con usted mismo

El mundo y el diablo ya son bastante duros con nosotros. No
tenemos que ayudarlos siendo excesivamente duros con nosotros mismos. ¡Dios es misericordioso! Cuando recibimos su
misericordia, nos capacita para ser misericordiosos con nosotros mismos. Descubrí enseguida en mi caminar con Dios que
la razón por la que me costaba ser misericordiosa con otros
era que no estaba recibiendo la misericordia de Dios para mí
misma. A menudo digo: "No podemos dar lo que no tenemos".
Reciba la misericordia de Dios para sus propios pecados, errores y fracasos, y le resultará fácil ser misericordioso con las
debilidades de los demás.

Todos tenemos debilidades, y Jesús las entiende porque Él
fue tentado, como nosotros lo somos. La diferencia está en que
Él no cometió pecado (Hebreos 4:15). La debilidad es totalmente distinta a la maldad. Ningún creyente nacido de nuevo
es malvado porque la naturaleza de Dios está en él. El corazón
y el Espíritu de Dios han establecido su residencia dentro de su
espíritu, y no puede seguir pecando habitualmente y de forma
consciente. Todos pecamos y a veces no damos en la diana de
Dios, pero eso es totalmente distinto a ser malvado y vivir en
pecado habitual deliberadamente.

Las personas con hijos con necesidades especiales no esperan ni demandan de ellos lo que demandarían de unos hijos sin
esas mismas limitaciones. Del mismo modo, Dios nos conoce y
todos somos seres humanos con debilidades innatas. Aunque
estamos en el proceso de ser cambiados de gloria en gloria a

la imagen de Jesucristo (2 Corintios 3:18), Él sabe que aún no hemos llegado. Jesús es un sumo sacerdote misericordioso que entiende nuestras debilidades y enfermedades, y quiere que tengamos la misma actitud de misericordia y compasión hacia las personas con las que tratamos en nuestra vida.

Yo llamo al temor "la herramienta de tormento de Satanás". Cuando sucumbimos al temor, nos roba el gozo de todo lo que hacemos. El temor atormenta porque amenaza con castigarnos, pero el apóstol Juan, inspirado por el Espíritu Santo escribió: "En el amor no hay temor, sino que el amor perfecto echa fuera el temor" (1 Juan 4:18). Dios es el único que puede amarnos de modo perfecto e incondicional, y es su amor el que echa fuera el temor de nuestro corazón. Cuando sabemos que Él nos acepta por completo, el miedo a no ser suficientes se desvanece de nuestra vida.

Creo que abrimos una puerta para todo tipo de problemas si rehusamos creer que Dios está agradado con nosotros por nuestra fe en Jesús y solamente eso. En dos ocasiones distintas durante los tres años de ministerio de Jesús en la tierra se oyó una voz del cielo, diciendo: "Este es mi Hijo amado, en quien tengo complacencia" (Mateo 3:17; 17:5, RVR1960). Jesús recibió las palabras de su Padre. Él no las rechazó. Si lo hubiera hecho, eso le habría causado muchos problemas. Tenemos que creer que Dios nos ama y nos aprueba. Por supuesto, no se agrada de toda nuestra conducta porque seguimos creciendo espiritualmente, pero se agrada de nosotros como individuos que lo aman y quieren hacer lo correcto.

Le recomiendo mucho que crea y diga calladamente en su corazón: "Dios se agrada de mí". Incluso puede dar un paso más y decirlo en voz alta cuando esté a solas. Eso le ayudará a tener más confianza y le hará libre del miedo a no estar haciendo lo suficiente.

Tenga la valentía suficiente para confiar en el amor una vez más, y siempre una vez más.

Maya Angelou

El miedo a la intimidad por el dolor del pasado

Ya sea con una nueva amistad o con asuntos relativos al compromiso relacional, el miedo continúa apareciendo e impidiéndome tener una conexión real. Y aunque las relaciones comienzan con emoción y gozo, mi mente siempre se mete conmigo, dejándome con ansiedad, duda y falta de confianza.

Durante mi adolescencia, mis padres pasaron por una etapa difícil en la que mi mamá descubrió que mi papá le engañaba. Esta ruptura dentro de nuestra pequeña familia condujo también a cambios en las relaciones con otros familiares y amigos cercanos de la familia. Cuando la realidad nos dijo que las dinámicas de la familia no eran como solían ser, muchas feas verdades comenzaron a salir a la luz.

Como familia, hablábamos con sinceridad sobre cómo no sentíamos, principalmente porque mi mamá provocaba esas conversaciones. Mi papá adoptó un papel más reflexivo, callado, de asiento de atrás, muchos de los rasgos de carácter que hoy veo en mí misma.

Regularmente me doy cuenta de que hablo con mi mamá sobre esos asuntos, pero nunca con mi papá, como si el silencio o un tema distinto de conversación fuera un mejor camino a seguir. Esto llevó a un número de preguntas sin responder, algunas de las cuales aún siguen sin respuesta.

Y al haber madurado, cada vez tengo más claro que no quiero terminar como mi papá, y esta es la raíz de mi miedo cuando se trata de las relaciones. Quiero comprometerme con las distintas relaciones de mi vida, pero este miedo ha sido el principal impedimento para llegar hasta ahí.

Nada me gustaría más que tener respuestas de mi papá para así poder evitar sus mismos errores; sin embargo, veo el dolor y la herida que ha dejado. Pero la idea de presentar ante mi papá esos sentimientos me aterra.

Sé que es algo que tendré que entregar a Jesús. Tendré que escoger la libertad por encima del miedo y pedirle su sabiduría y valor, para tener la valentía de superar este miedo que me impide tener relaciones duraderas.

—Ashley

CAPÍTULO 22

Usted puede construir relaciones saludables

Libre del miedo a confiar en Dios y en los demás

> *Tú guardarás en completa paz a aquel cuyo pensamiento*
> *en ti persevera; porque en ti ha confiado.*
>
> Isaías 26:3, RVR1960

Las personas temerosas no pueden confiar. Viven en agonía porque intentan continuamente cuidar de sí mismos, trabajando para asegurarse de que están a salvo e intentando no permitir que otros se aprovechen de ellos. Las personas que han sido heridas, abusadas, traicionadas o abandonadas son especialmente propensas a este temor. Los recuerdos del dolor de su pasado les hace vivir en modo autoprotección, el cual nunca les permite simplemente confiar, relajarse y disfrutar de la vida.

Ninguno de nosotros tiene la garantía de que nunca será herido o decepcionado; sin embargo, tenemos la promesa de que, si ponemos nuestra confianza en Dios, Él juzgará con justicia y siempre será nuestro vindicador.

Tenemos que desarrollar una relación íntima y de confianza con Dios antes de poder hacer lo mismo con las personas.

Muchos versículos nos enseñan que confiemos en Dios, y aunque eso parece fácil, a menudo nos resulta difícil. La confianza requiere que tengamos algunas preguntas sin respuestas en nuestra vida y demanda que estemos cómodos con no saber cómo o cuándo Dios hará lo que necesitamos que haga. Debemos depositar nuestra ansiedad sobre Él y creer que Él cuidará de nosotros (1 Pedro 5:7).

Fuimos creados para la conectividad, no para la soledad. Pero si continuamente tenemos miedo a que se aprovechen de nosotros, nos alejamos de la intimidad y preferimos una distancia cómoda entre nosotros y los demás. Puede que tengamos algunas relaciones, pero nos aseguramos de mantenerlas a una distancia que nos haga sentir seguros. Quizá dejemos entrar a la gente, pero nunca lo suficiente como para tener una gran cercanía o intimidad.

> *Fuimos creados para la conectividad, no para la soledad.*

Intimidad con Dios

Jesús no murió para que pudiéramos tener nuestra marca preferida de religión, sino para que pudiéramos tener una relación íntima y personal con Dios por medio de Él. Cuando Jesús vino a la tierra vestido de carne humana, desarrolló relaciones cercanas con diversas personas, pero solo pudo hacerlo porque tenía una relación cercana con su Padre celestial.

Dios ya se ha acercado a nosotros en Cristo, y se nos invita a acercarnos a Él:

Acérquense a Dios, y él se acercará a ustedes.

Santiago 4:8

Podemos abrir toda nuestra vida a Él sin miedo a ser rechazados. Él ya sabe todo lo que hay que saber sobre nosotros. Él sabe lo que vamos a hacer y decir antes de que lo hagamos. Una forma de poder desarrollar cercanía con Dios es hablando con Él sobre absolutamente todo, sin dejarnos nada. De todos modos, no podemos tener secretos con Dios; por lo tanto, ¿por qué seguir intentando hacer eso?

Usted puede hablar con Dios y escuchar que le habla. Él habla de distintas formas, pero podemos aprender a reconocer su voz. Jesús dijo que los que son suyos conocen su voz (Juan 10:3-4).

El apóstol Pablo dijo que su "determinado propósito" era conocer a Dios y llegar a conocer el poder de su resurrección (Filipenses 3:10). No solo quería conocer *acerca* de Dios, sino que quería conocer *a* Dios. Muchas personas conocen acerca de Dios. Han oído de Él e incluso creen que existe, pero no lo han recibido en su corazón ni han confiado en Él en todo lo que les concierne.

Una relación íntima y de confianza con Dios es lo que nos hace libres de muchos miedos y patrones de conducta atormentadores. En el contexto de ese tipo de relación podemos dejar de intentar cuidar de todo nosotros mismos y comenzar a experimentar la vida como Dios quería que la viviéramos.

Nadie sabe cómo cuidar de nosotros mejor que Dios, y Él quiere que lo invitemos a hacerlo. Jesús siempre confió en que su Padre cuidaría de Él. Incluso cuando estaba siendo maltratado y acusado injustamente, puso su confianza en Dios Padre:

> Cuando proferían insultos contra él, no replicaba con insultos; cuando padecía, no amenazaba, sino que se entregaba a aquel que juzga con justicia.
>
> 1 Pedro 2:23

Tan solo imagine el gozo y la libertad de no sentir ya la necesidad de cuidarse y protegerse todo el tiempo por temor a ser lastimado o a que otros se aprovechen de usted. La vida sería mucho más fácil si nunca pensara en cómo recuperar a alguien cuando le ha lastimado. Piense en lo libre que se sentiría si nunca se sintiera obligado a asegurarse de que no volvieran a hacerle daño porque confía en que Dios hará justicia en su tiempo perfecto.

Recuerdo a un grupo de señoras que una vez me hicieron un gran daño. Pasaron diez años hasta que se disculparon, pero finalmente lo hicieron. Recuerdo bien que la portavoz del grupo me dijo: "Dios nos mostró que estábamos equivocadas en lo que dijimos sobre usted y en lo que le hicimos, y lo sentimos". Dios me hizo justicia. Quizá no tan rápidamente como yo hubiera querido, pero mientras yo estaba esperando Él me enseñó muchas lecciones valiosas sobre el perdón, orar por nuestros enemigos, y amar a las personas que no son fáciles de amar.

He visto la vindicación de Dios muchas veces en mi vida, y creo que seguiré viéndola. Quizá usted ha visto lo mismo, pero si no, puede comenzar hoy a confiar en Dios en lugar de intentar hacerlo todo usted mismo.

¿De verdad podemos confiar en Dios?

¡Sin ninguna duda, podemos confiar en Dios! Quizá no siempre nos dé lo que queremos, pero si no lo hace es porque tiene algo mejor en mente para nosotros. Por lo general, tenemos prisa, pero Dios no, y su tiempo será

> *Por lo general, tenemos prisa, pero Dios no.*

perfecto. Él prefiere hacer una obra de calidad en nosotros y en nuestra vida antes que una rápida.

Quizá nos preguntamos si Dios cuidará o no de nosotros, y la única forma de averiguarlo es probando. Sé por experiencia y por la Palabra de Dios que se puede confiar en Él, pero yo tardé bastante tiempo en estar dispuesta a dejar mis propios esfuerzos y ver lo que Dios hacía. Puedo decir sin duda alguna que Él nunca me ha fallado, y a menudo me ha sorprendido haciendo algo muchísimo mejor de lo que pude haber imaginado.

Los últimos dos días he estado lidiando con la preocupación por una situación, aunque sé que no me hace ningún bien. Dos veces oí a Dios susurrar en mi corazón que Él se ocuparía de ello, pero me sigue costando dejar de preocuparme. Esta mañana mismo la situación está resuelta, y podría añadir que se resolvió de forma bastante fácil. El problema no era tan grande como yo había imaginado, y de nuevo vi la fidelidad de Dios.

Dios es fiel, y no puede mentir. Por lo tanto, podemos confiar en las promesas que encontramos en su Palabra, que son más de cinco mil. Él es un Dios de justicia, lo cual significa que siempre arreglará lo que esté mal en nuestra vida. Él trae nuestra recompensa y nos paga por cualquier trato injusto que hayamos tenido en el pasado si confiamos en que Él lo hará.

> Yo, el Señor, amo la justicia, pero odio el robo y la iniquidad.
> En mi fidelidad los recompensaré y haré con ellos un pacto
> eterno.
>
> Isaías 61:8

La Palabra de Dios nos enseña que, si nos humillamos bajo la poderosa mano de Dios, Él nos levantará a su debido tiempo (1 Pedro 5:6). Humillarse significa estar bajo y mantenerse debajo. Pero nuestra carne no quiere quedarse debajo de nada; prefiere estar por encima de todo y a cargo de todo.

Jesús les dijo a sus discípulos que el mayor entre ellos "debe comportarse como el menor, y el que manda como el que sirve"

(Lucas 22:26). En otras palabras, los que son verdaderamente grandes estarán debajo de la poderosa mano de Dios y se resistirán a caminar en su propia voluntad. No se empujarán a sí mismos a ir hacia adelante, sino que esperarán a que Dios los promocione. No intentarán asegurarse de que nunca se aprovechen de ellos, porque confían en que Dios los protege y cuida de ellos.

Cuando nuestra actitud es "tengo miedo de que si confío resultaré herido", vivimos en angustia. Nos desgastamos por intentar estar siempre en la posición número uno, el primero, lo más alto, delante, primero, a cargo, dando las órdenes, compitiendo con cualquiera que se nos adelante, y comparándonos a nosotros y nuestra posición en la vida con los demás. Cuando hacemos estas cosas, intentamos hacer en nuestras propias fuerzas algo que solamente Dios puede hacer, y hasta que nos humillemos y nos demos cuenta de ello, seguiremos batallando.

¿Cómo opera todo esto en las situaciones prácticas de la vida cotidiana? Digamos que estoy jugando al golf con Dave, y él no está jugando muy bien. Él se muestra gruñón conmigo porque está frustrado por su partido de golf. ¿Cuál debería ser mi respuesta? Puedo arremeter contra él (y a menudo lo hago). Pienso: *No me vas a tratar así y después vas a quedarte tan tranquilo*. Mi vieja naturaleza piensa: *Si no digo o hago algo, este trato continuará. Y voy a asegurarme de que no sea así*. O puedo orar por Dave y confiar en que Dios tratará la situación. ¿Cuál de las dos opciones parece más pacífica?

Hay veces en las que confrontar a la persona que está siendo insensible o poco amable con nosotros es el curso de acción correcto, pero hay también veces en las que debemos mostrar misericordia con los que nos ofenden, recordando todas las veces que nosotros tampoco hemos tenido nuestra mejor actitud. Si nos permitimos ser guiados por el Espíritu de Dios en este tipo de situaciones, siempre haremos lo correcto.

A menudo, cuando Jesús era acusado de algo malvado, ni siquiera respondía a sus acusadores. Sabía que Dios trataría con ellos a su propia manera y tiempo. Estaba seguro en el amor de su Padre y no tenía necesidad de defenderse porque sabía que Dios lo defendería.

Siga a Jesús

Los discípulos de Cristo deben disciplinarse para seguir sus pasos y manejar las situaciones como Él lo hizo. Podemos ver que el apóstol Pablo hacía esto, y nosotros también deberíamos hacerlo. Algunas de las personas a las que fue a ayudar lo trataron mal. Él escribió:

> Alejandro el herrero me ha hecho mucho daño. El Señor le dará su merecido. Tú también cuídate de él, porque se opuso tenazmente a nuestro mensaje. En mi primera defensa, nadie me respaldó, sino que todos me abandonaron. Que no les sea tomado en cuenta. Pero el Señor estuvo a mi lado y me dio fuerzas.
>
> 2 Timoteo 4:14-17

Pablo se sacrificó y sufrió mucho para ayudar a la gente, así que podemos imaginar cómo le dolía cuando ellos no estaban con él en su momento de necesidad. Por favor, observemos que la respuesta de Pablo a la situación fue perdonarlos y el resultado fue que el Señor intervino y estuvo a su lado. Yo prefiero tener a Dios a mi lado que tener a personas, ¿y usted?

Cuando hacemos cosas a la manera de Dios en vez de hacerlas a nuestra propia manera, siempre terminamos disfrutando de lo mejor de Dios para nuestra vida, y eso incluye libertad de tener miedo a que alguien se aproveche de nosotros. Las personas que tienen miedo a que otros se aprovechen de ellos no pueden esperar que Dios las vindique cuando son maltratados. Se vuelven emotivos y comienzan a operar a base de viejas heridas y miedos en vez de humillarse y esperar en Él.

> *Las personas que tienen miedo a que otros se aprovechen de ellos no pueden esperar que Dios las vindique cuando son maltratados.*

Confiar en la gente

Podemos confiar plenamente en Dios en cualquier situación, pero tenemos que ser más cautelosos cuando se trata de confiar en la gente. Podemos confiar en las personas y no deberíamos permitir que la sospecha llene nuestra mente, pero como todos tenemos debilidades, no podemos confiar por completo en los demás. Deberíamos ser conscientes de que las personas son imperfectas y es probable que a veces nos hagan daño. Si tenemos expectativas poco realistas de otros, nos preparamos para resultar defraudados y decepcionados.

La intimidad y las relaciones cercanas se pueden mantener, pero también deberíamos usar la sabiduría al tratar con otras personas. Hay cosas que probablemente no deberíamos confiar a nadie salvo a Dios. Personalmente, no me fío de nadie a menos que la persona me haya dado buenas razones para hacerlo, y tampoco confío en ningún ser humano como confío en Dios. Jesús no desconfió de sus discípulos, pero "no se confió a ellos" porque entendía la naturaleza humana y sabía cómo podían ser las personas (Juan 2:24). Nuestra confianza total debería estar reservada solo para Dios, pero sin duda podemos tener relaciones íntimas y estrechas con las personas. De hecho, necesitamos este tipo de conexión con familiares y amigos para disfrutar plenamente de la vida.

Le animo a no aislarse por miedo a ser lastimado o que se aprovechen de usted. Desarrolle una relación íntima con Dios y relaciones cercanas con otras personas, y si lo necesita, "hágalo con miedo". Si una relación no funciona, no suponga que a las demás les pasará lo mismo. Dios tiene personas apartadas especialmente para usted para que sean buenos amigos suyos, así que ore y pídale a Dios su guía. ¡No deje que el miedo le impida confiar!

No tenga miedo a dejar lo bueno para ir por lo mejor.

John D. Rockefeller

La Honda

Cuando era niña, con ocho o nueve años, tenía mucho miedo a las alturas. Estaba llegando a esa edad en la que era lo suficientemente alta para montar en la montaña rusa, y recuerdo vívidamente que un año mi papá nos llevó a mis hermanos y a mí a Florida de vacaciones. Nos subió a todos al automóvil y nos llevó a la ciudad, donde nos vimos ante la gran trampa mortal de acero conocida como la Slingshot (Honda).

La inmensa estructura se alzaba sobre mí, dos grandes columnas unidas por cables elásticos a una pequeña esfera de metal donde cabían dos personas sentadas. Recuerdo sentirme pequeña mientras miraba hacia arriba, más pequeña aun cuando la mezcla de gritos de terror y alegría flotaban en el aire cuando los pasajeros de la Honda eran lanzados hacia arriba.

Yo estaba lista para irme, pero la sonrisita en el rostro de mi papá revelaba que él tenía una idea distinta. ¿Se imagina de quién era el turno después? Sí.

Puse todas las excusas que encontré, cualquier cosa para evitar enfrentar mi miedo. ¿Qué era peor que caerse del cielo? Yo se lo diré: ser lanzado al cielo primero. Finalmente, mi papá dijo: "Es tu decisión, pero asegúrate de no lamentarlo después por perderte algo divertido".

Un par de minutos después estaba abrochada en el diminuto cubículo. Me agarré a las asas tan fuerte que mis nudillos se pusieron blancos. Los siguientes treinta segundos pasaron como borrosos: un sonido cortante de la liberación del mecanismo; una pesada fuerza presionándome hacia abajo mientras hacíamos nuestro recorrido ascendente cada vez más, y más, y más alto; mi papá se reía histéricamente mientras yo me aferraba a mi preciosa vida. Y después se acabó.

Me sentí más ligera cuando toqué el suelo, incluso eufórica. Estaba orgullosa. Mi miedo no había desaparecido por completo, pero me las había arreglado para superarlo. Confié en mi papá cuando tuve miedo, y él no me decepcionó. Como resultado, obtuve la recompensa de un recuerdo alegre y crecimiento personal. Nos subimos tres veces más a la Honda ese día.

Ahora, pienso en esa historia siempre que estoy en momentos difíciles. Cuando siendo duda o miedo, intento con todas mis fuerzas escoger la fe, no en mi padre terrenal sino en mi Padre celestial. Y puede que no siempre conozca el resultado cuando el temor y la incertidumbre pasan por delante, pero sé que puedo mirar atrás al momento en que mis pies tocan el suelo y ver su fidelidad durante todo el camino.

—Shiloh

CAPÍTULO 23

Usted puede descansar en la promesa de la eternidad

Libre del miedo a la muerte

Únicamente de esa manera el Hijo podía libertar a todos los que vivían esclavizados por temor a la muerte.

Hebreos 2:15, NTV

La palabra *muerte* está definida en el *Diccionario expositivo Vine* como "la separación del alma (la parte espiritual del hombre) y el cuerpo (la parte material), donde la segunda deja de funcionar y se convierte en polvo". Si buscáramos *muerte* en la mayoría de los diccionarios, encontraríamos que el significado sería algo sobre dejar de existir; pero como vemos en el *Diccionario expositivo Vine*, el significado bíblico de muerte no dice que dejamos de existir, sino que nuestro cuerpo deja de funcionar. El cuerpo deja de existir, pero el alma permanece. Nuestra alma es la vida interior y está compuesta por nuestras emociones, deseos, pensamientos, imaginaciones y voluntad. ¡Podríamos decir que es nuestro verdadero yo! Así que no dejamos de existir cuando morimos; solo lo hace nuestro cuerpo.

Los creyentes tienen la promesa de Dios de que recibirán un nuevo cuerpo glorioso después de que termine su vida terrenal.

¡Iremos al cielo para estar con Él por toda la eternidad! Estar en el cielo suena como que será algo maravilloso:

> Él les enjugará toda lágrima de los ojos. Ya no habrá muerte, ni llanto, ni lamento ni dolor, porque las primeras cosas han dejado de existir.
>
> Apocalipsis 21:4

Nadie puede operar en la esfera terrenal sin un cuerpo de carne y hueso. Por eso Dios envió a su Hijo para ayudarnos y librarnos del miedo a la muerte muriendo en nuestro lugar y pagando por nuestro pecado. Para hacer eso, tuvo que tener un cuerpo físico. Él ha experimentado todo lo que experimentamos nosotros como humanos porque tuvo un cuerpo humano, pero Él era totalmente Dios dentro de ese cuerpo. La muerte de Jesús por nosotros no significa que nuestro cuerpo no vaya a morir, sino que no debemos tener miedo a la muerte porque sabemos lo que nos sucederá en el momento en que dejemos esta vida: veremos a Dios cara a cara.

> Sabemos lo que nos sucederá en el momento en que dejemos esta vida: veremos a Dios cara a cara.

Para los que han aceptado a Jesús como su Salvador y Señor, el gozo de vivir en su presencia será demasiado maravilloso para entenderlo hasta que lo experimentemos.

Ninguno de nosotros quiere morir antes de su tiempo, pero la muerte no tiene que asustarnos. Simplemente significa que dejamos nuestro hogar temporal aquí en la tierra para ir a nuestra casa eterna en el cielo. Deberíamos tener siempre en mente que la vida aquí es temporal; este mundo realmente no es nuestro hogar. Esa es una razón por la que nunca nos sentimos al cien por ciento satisfechos. Hay un anhelo en nosotros de vivir en la presencia de Dios en una atmósfera de completa paz y amor.

La eternidad está escrita en nuestro corazón (Eclesiastés 3:11). Incluso quienes no creen en Dios tienen ese mismo anhelo, solo que no saben lo que es. Por eso intentan llenarlo con cosas, dinero, éxito y otros recursos. Incluso los cristianos tienden a hacer eso, al menos por un tiempo, hasta que se dan cuenta de que realmente no quieren otra cosa; quieren más de Jesús.

No está mal querer disfrutar de las cosas buenas que nos ofrece nuestra vida terrenal, pero nunca deberíamos dejar que nada de ello estuviera antes que Dios. *Mantenga a Dios en el primer lugar todo el tiempo, y terminará en el lugar correcto cuando muera.*

Como todas las personas, sin excepción, morirán un día, no es sabio emplear su vida teniendo miedo a algo que no puede evitar. Yo pensaría que cualquiera que sepa que va al cielo no debería luchar con el miedo a la muerte, pero a muchos les pasa.

El apóstol Pablo habló sobre la vida y la muerte

Pablo escribió: "Porque para mí el vivir es Cristo y el morir es ganancia" (Filipenses 1:21). Él estaba listo para morir cuando el Señor quisiera llevarlo, pero también quería seguir ayudando a la gente. Dijo que estaba "puesto en estrecho" entre las dos opciones (Filipenses 1:23, RVR1960). Su deseo era partir y estar con Cristo, porque eso hubiera sido mejor, pero también se daba cuenta de que quedarse en la tierra era más necesario para las personas a quienes ministraba (Filipenses 1:23-24). Es evidente que Pablo no tenía miedo a morir.

Veo que mientras más mayor me hago, más busco estar fuera de este mundo y todas sus miserias y estar con el Señor, pero al igual que Pablo, quiero quedarme en la tierra mientras Dios quiera que esté y terminar la carrera que Él ha puesto delante de mí. Quiero terminar mi carrera aquí, pero no tengo miedo a la muerte.

Cuando Pablo escribió a los corintios sobre la muerte y la resurrección, les explicó que aun cuando se planta una semilla en la tierra, muere o deja de existir como semilla, y entonces resucita o sale de la tierra como algo totalmente distinto (1 Corintios 15:36-38). No sé usted, pero yo estoy emocionada por ver cómo será mi cuerpo resucitado. No creo que tenga celulitis ni necesite preocuparme por las calorías, y no se cansará ni tendrá la gripe, ¡ni necesitará una cirugía de sustitución de cadera!

¿Qué hay del infierno?

Preferimos no pensar en el infierno, y si ha recibido a Jesús por la fe como su Salvador y Señor, entonces no tiene que pensar en ello salvo para alegrarse mucho de que usted no irá allí. Pero los no creyentes deberían preocuparse.

Muchas personas no creen que el infierno existe porque no creen que un Dios de amor vaya a condenar a nadie a un lugar tan horrible. La verdad es que Dios no envía a nadie allí. Las personas han escogido ir allí por la forma en que viven su vida.

Sí, Dios es amor, pero también es justo. El pecado exige un sacrificio para remediar el pecado, y Jesús vino y se sacrificó por nuestros pecados (Isaías 53:5-12; Efesios 5:2; 1 Juan 4:10). Él pagó la deuda que debíamos. Él tomó nuestro lugar y sufrió por nosotros. Jesús hizo esto por todo aquel que viviera jamás, pero para recibir su regalo debemos creer en Él y en lo que hizo por nosotros. Dios no quiere que nadie perezca (2 Pedro 3:9), pero los que rehúsan creer en Él, en efecto se han condenado a sí mismos al infierno.

Sé que este es un tema incómodo. Veo que yo misma estoy incómoda incluso cuando escribo sobre ello, pero debemos ser conscientes de la posibilidad de la existencia del infierno. Una vez leí que hay sesenta versículos sobre el infierno en los cuatro Evangelios, y todas las veces fueron palabras de Jesús.

Hablando del infierno, Jesús dijo: "Allí habrá llanto y rechinar de dientes" (Lucas 13:28). Eso suena a angustia extrema. Sabemos qué es el lloro, pero ¿qué es el rechinar de dientes? Significa juntar mucho los dientes mientras se mantienen las mandíbulas muy apretadas. Hacemos eso incluso ahora cuando experimentamos un gran dolor. Otras descripciones del infierno en la Biblia afirman que estará lleno de fuego (Mateo 25:41; Marcos 9:43; Judas 1:7). También dice que los pecadores que no se arrepientan serán echados al lago que arde con fuego (Apocalipsis 20:15).

Una de las parábolas de Jesús deja bastante claro que tanto el cielo como el infierno existen y que quienes están en el infierno pueden ver el cielo (Lucas 16:19-31). La parábola habla de un hombre rico que se vestía con la ropa más fina y hacía fiestas suntuosas todos los días. En su puerta, algunas personas habían dejado a un hombre pobre llamado Lázaro, que estaba cubierto de heridas y deseaba comer de lo que cayera de la mesa del hombre rico. Además, incluso los perros acudían y lamían sus heridas. El hombre pobre murió, y los ángeles lo llevaron junto a Abraham. El hombre rico también murió, y fue enterrado. En el Hades (infierno) y en tormento, el hombre rico alzó sus ojos y vio a Abraham a lo lejos y a Lázaro a su lado. Y gritó: "¡Padre Abraham, ten piedad! Envíame a Lázaro para que moje la punta de su dedo en agua y refresque mi lengua. Estoy en angustia en estas llamas" (Lucas 16:24, NTV).

Sabemos por esta parábola que el hombre en el infierno podía ver a los que están en el cielo. Yo creo que estar en el infierno y tener que ver lo que nos hemos perdido es una tortura. El hombre rico disfrutó en la tierra sin preocuparse de otros que estaban sufriendo, y ahora él estaba experimentando el castigo que merecía. El hombre pobre, por el contrario, estaba recibiendo su recompensa en el cielo.

Podemos ver que tanto el cielo como el infierno existen. El infierno es un lugar al que no

> *Tanto el cielo como el infierno existen. El infierno es un lugar al que no queremos ir, así que es importante tomar las decisiones correctas mientras podamos.*

queremos ir, así que es importante tomar las decisiones correctas mientras podamos.

Resurrección

Jesús murió en nuestro lugar y tomó nuestro castigo por el pecado, pero por fortuna la historia no termina con su muerte. El tercer día después de su muerte y sepultura, resucitó (Lucas 24). La muerte no pudo retenerlo, y no puede retenernos a nosotros tampoco si creemos en Jesús. La muerte no tuvo poder sobre Él, y tampoco tiene poder sobre nosotros salvo el poder que podamos darle temiéndola mientras vivimos.

Los musulmanes creen en las enseñanzas de un profeta llamado Mahoma, que está muerto. Los budistas creen en las enseñanzas de un hombre llamado Siddhartha Gautama, también conocido como Buda, que también está muerto. Muchas otras religiones basan su fe en alguien que está muerto, pero los cristianos creen en Jesús, ¡que está vivo!

Los creyentes no necesitan prueba alguna de la resurrección, porque la prueba está en nuestro corazón. Pero para los que no creen, puede serles útil saber que sí existe prueba de su resurrección. Tenemos numerosos relatos de la resurrección dadas por los discípulos de Cristo y los soldados romanos que custodiaban la tumba. Ellos fueron testigos de la tumba vacía con las vendas dejadas allí y el sudario que cubría su cabeza perfectamente doblado y dejado en un lado (Juan 20:6-7, NTV).

¿Es especialmente importante que el sudario estuviera doblado? Recientemente leí un artículo que presentaba una hermosa verdad sobre eso. Jesús usó muchas parábolas y referencias culturales para hacer entender su mensaje. En su tiempo, un siervo preparaba la mesa para su amo y no se atrevía a tocar la mesa hasta que el amo terminara de comer. Si el amo comía, tomaba su servilleta, se limpiaba las manos y la barba, dejaba la servilleta arrugada y después la ponía sobre la mesa, significaba que había terminado de comer y que se podía recoger todo. Sin embargo, si doblaba su servilleta, ningún siervo se atrevía a tocar la mesa porque la servilleta doblada significaba "¡enseguida vuelvo!".

¿Nos estaba dejando Jesús un mensaje al doblar el sudario? Creo que sí. Creo que todo lo que Jesús hacía tenía un propósito, y el sudario doblado también lo tenía. Jesús prometió que volvería por nosotros, así que sabemos que la muerte no tendrá la última palabra.

> No se angustien. Confíen en Dios, y confíen también en mí. En el hogar de mi Padre hay muchas viviendas; si no fuera así, ya se lo habría dicho a ustedes. Voy a prepararles un lugar. Y, si me voy y se lo preparo, vendré para llevármelos conmigo. Así ustedes estarán donde yo esté.
>
> Juan 14:1-3

Muchas personas pasan sus días aterradas por la muerte. William Randolph Hearst era un hombre extremadamente rico que construyó y vivió en una mansión llena de cosas preciosas. Cuando alguien lo visitaba, tenía una regla estricta: nadie puede hablar de la muerte, ni siquiera mencionarla. Estaba atormentado cada noche al irse a la cama de que pudiera morir durante la noche. Es interesante que el miedo de Hearst a la muerte no le impidió morir. Solo arruinó su disfrute de la vida.

Por otro lado, tenemos el testimonio de muchos otros, como el apóstol Pablo, que estaban listos para irse de esta tierra en cualquier momento. El padre de la iglesia primitiva Juan Crisóstomo tenía un celo por una reforma en la iglesia e irritaba a la emperatriz Eudoxia, quien lo exilió muchas veces. Él dijo: "¿A qué puedo tener miedo? ¿A la muerte? Pero usted sabe que Cristo es mi vida, y que ganaré si muero".

Esperemos con anticipación el cielo en vez de tener miedo a la muerte, porque cuando dejemos esta tierra, es que empezaremos a vivir.

> Cuando dejemos esta tierra, es que empezaremos a vivir.

¿Tenemos miedo a la muerte o a morir?

Pensando en el momento de mi propia muerte, puedo decir sinceramente que no tengo ningún miedo a la muerte, pero espero que morirme no sea muy doloroso. Una vez estaba en un pequeño avión con otra persona. De repente, sin explicación alguna de los pilotos, el avión comenzó a descender muy rápidamente, y pensamos que probablemente nos estrellaríamos. Nos tomamos de las manos y nos preparamos para reunirnos con Jesús, pero admitiré que el pensamiento que tuve fue: "Me pregunto si esto dolerá mucho".

Creo que la mayoría de nosotros oramos para que, cuando llegue nuestro momento, nos vayamos a dormir y nos despertemos en el cielo, o que Dios nos lleve rápidamente sin enfermedades prolongadas. ¿Por qué no orar por lo que sea mejor? Sin embargo, también debemos saber que sea cual sea el proceso de nuestra muerte, Dios estará con nosotros y nos llevará a casa exactamente en el momento correcto.

He escuchado muchas historias sobre personas que dicen en sus lechos de muerte: "Jesús está aquí para mí ahora. Tengo que irme". Morir es algo que nadie puede evitar. Quizá sintamos algo de miedo a lo desconocido, pero tenemos la seguridad de la resurrección y el cielo, ¡y eso es motivo de celebración!

Se necesita valentía para crecer y llegar a ser quienes realmente somos.

E. E. Cummings

Todos lidiamos con el miedo, pero podemos aprender a no dejar que dicte nuestras decisiones o gobierne nuestra vida. Dudo que el miedo llegue alguna vez a desaparecer por completo de la vida de alguien, pero podemos y deberíamos resistirlo. Si tiene que hacer algo con miedo para hacerlo, reúna todo su valor y dé un paso de fe. Tenga por seguro que yo no estaría haciendo las cosas que hago hoy si no hubiera dado un paso adelante cuando creí que Dios quería que lo diera, incluso cuando mi temor me gritaba: "¡Vas a fracasar!". Como dice el viejo dicho: "Si al principio no tienes éxito, inténtalo, inténtalo de nuevo". Pero yo digo: si al principio no tiene éxito, *¡usted es normal!* Siga intentándolo hasta que encuentre su punto óptimo en la vida.

Quiero concluir este libro alentándole a no dejar que el miedo a ser diferente le robe su destino. Para ser quien realmente es, debe entender que nunca será igual que ninguna otra persona, ni puede serlo. Usted es único, y eso es lo que le hace especial. Ralph Waldo Emerson escribió: "El que quiera ser un hombre, debe ser un inconformista". Es muy importante no emplear nuestro tiempo y energías intentando ser como otras personas.

Las personas quieren ser libres para ser individuos, pero sin embargo tienen temor a ser distintos. ¿Por qué? Porque en el pasado han sido rechazados porque no encajaban en la idea de alguna otra persona de lo que deberían ser o hacer.

La naturaleza humana hace que la gente tenga miedo del dolor al rechazo, así que nos conformamos. La mayoría de las personas descubren que hay seguridad en la conformidad. Jesús, el apóstol Pablo y todos los demás que consiguieron hacer algo grande no fueron conformistas. Debemos ser transformados a la imagen de Cristo, pero nunca debemos conformarnos al mundo (2 Corintios 3:18; Romanos 12:2).

Yo tiendo a pensar que, si podemos confrontar exitosamente el miedo a ser distintos y convertirnos en quienes verdaderamente somos, seremos capaces de vencer cualquier otro miedo que salga contra nosotros.

Es mi oración que este libro le haya ayudado y siga haciéndolo. ¡Viva la vida valientemente y disfrútela por completo!

Nada le ayudará a luchar contra la tentación de temer y hacer cosas con miedo como el poder de la Palabra de Dios. Le animo a leer, meditar e incluso memorizar estos versículos para que pueda traerlos a su memoria enseguida siempre que el miedo comience a surgir en su corazón.

En el amor no hay temor, sino que el perfecto amor echa fuera el temor; porque el temor lleva en sí castigo. De donde el que teme, no ha sido perfeccionado en el amor.

1 Juan 4:18 RVR1960

Pues Dios no nos ha dado un espíritu de temor y timidez sino de poder, amor y autodisciplina.

2 Timoteo 1:7 NTV

Ya te lo he ordenado: ¡Sé fuerte y valiente! ¡No tengas miedo ni te desanimes! Porque el Señor tu Dios te acompañará dondequiera que vayas.

Josué 1:9

Así que no temas, porque yo estoy contigo; no te angusties, porque yo soy tu Dios. Te fortaleceré y te ayudaré; te sostendré con mi diestra victoriosa.

Isaías 41:10

Pero ahora, así dice el Señor, el que te creó, Jacob, el que te formó, Israel: No temas, que yo te he redimido; te he llamado por tu nombre; tú eres mío.

Isaías 43:1

Pues estoy convencido de que ni la muerte ni la vida, ni los ángeles ni los demonios,[g] ni lo presente ni lo por venir, ni los poderes, ni lo alto ni lo profundo, ni cosa alguna en toda la creación podrá apartarnos del amor que Dios nos ha manifestado en Cristo Jesús nuestro Señor.

Romanos 8:38-39

El Señor está conmigo, y no tengo miedo; ¿qué me puede hacer un simple mortal?

Salmos 118:6

La paz les dejo; mi paz les doy. Yo no se la doy a ustedes como la da el mundo. No se angustien ni se acobarden.

Juan 14:27

Cuando siento miedo, pongo en ti mi confianza.

Salmos 56:3

El Señor mismo marchará al frente de ti y estará contigo; nunca te dejará ni te abandonará. No temas ni te desanimes.

Deuteronomio 31:8

Al de carácter firme lo guardarás en perfecta paz, porque en ti confía.

Isaías 26:3

Depositen en él toda ansiedad, porque él cuida de ustedes.

1 Pedro 5:7

El Señor es mi luz y mi salvación; ¿a quién temeré? El Señor es el baluarte de mi vida; ¿quién podrá amedrentarme?

Salmos 27:1

Aun si voy por valles tenebrosos, no temo peligro alguno porque tú estás a mi lado; tu vara de pastor me reconforta.

Salmos 23:4

Por lo tanto, no se angustien por el mañana, el cual tendrá sus propios afanes. Cada día tiene ya sus problemas.

Mateo 6:34

Porque yo sé muy bien los planes que tengo para ustedes —afirma el Señor—, planes de bienestar y no de calamidad, a fin de darles un futuro y una esperanza

Jeremías 29:11

¿Tiene una relación real con Jesús?

¡Dios le ama! Él le creó para ser una persona especial, única, exclusiva, y Él tiene un propósito concreto y un plan para su vida. Y mediante una relación personal con su Dios y Creador, puede descubrir un estilo de vida que verdaderamente satisfará su alma.

No importa quién sea, lo que haya hecho o dónde se encuentre en la vida ahora mismo, el amor y la gracia de Dios son más grandes que su pecado: sus errores. Jesús voluntariamente dio su vida para que usted pueda recibir perdón de Dios y tener nueva vida en Él. Él está esperando a que usted lo invite a ser su Salvador y Señor.

Si está listo para entregar su vida a Jesús y seguirlo, lo único que tiene que hacer es pedirle que perdone sus pecados y le dé un nuevo comienzo en la vida que Él diseñó para usted. Comience haciendo esta oración...

Señor Jesús, gracias por darme tu vida y perdonar mis pecados para que pueda tener una relación personal contigo. Siento mucho los errores que he cometido, y sé que necesito que me ayudes a vivir rectamente.

Tu Palabra dice en Romanos 10:9, que "si confiesas con tu boca que Jesús es el Señor y crees en tu corazón que Dios lo levantó de entre los muertos, serás salvo" (NVI). Creo que eres el Hijo de Dios y te confieso como mi Salvador y Señor. Tómame tal como soy, y opera en mi corazón, haciéndome la persona que tú quieres que yo sea. Quiero vivir para ti, Jesús, y estoy muy agradecido, porque hoy me estás dando una nueva oportunidad en mi nueva vida contigo.

¡Te amo, Jesús!

¡Es maravilloso saber que Dios nos ama tanto! Él quiere tener una relación profunda e íntima con nosotros y que crezca cada día a medida que pasamos tiempo con Él en oración y en el estudio de la Biblia. Por eso, queremos animarle en su nueva vida en Cristo.

Por favor, visite https://tv.joycemeyer.org/espanol/como-conocer -jesus/. También tenemos otros recursos gratuitos en línea para ayudarle a crecer y perseguir todo lo que Dios tiene para usted.

¡Enhorabuena por su nuevo comienzo en su vida en Cristo! Esperamos oír de usted pronto.

JOYCE MEYER es una de las principales maestras prácticas de la Biblia en el mundo. Como autora de éxitos de ventas del *New York Times*, los libros de Joyce han ayudado a millones de personas a encontrar esperanza y restauración por medio de Jesucristo. Los programas de Joyce, *Disfrutando la vida diaria* y *Everyday Answers with Joyce Meyer*, se emiten en todo el mundo en televisión, radio y el Internet. A través del ministerio Joyce Meyer Ministries, Joyce enseña internacionalmente sobre varios temas con un enfoque particular sobre cómo la Palabra de Dios se aplica a nuestra vida diaria. Su estilo de comunicación informal le permite compartir de manera abierta y práctica sobre sus experiencias para que otros puedan aplicar a sus vidas lo que ella ha aprendido.

Joyce ha escrito más de cien libros, que han sido traducidos a más de cien idiomas, y se han distribuido más de 65 millones de sus libros por todo el mundo. Entre sus éxitos de ventas están *Pensamientos de poder; Mujer segura de sí misma; Luzca estupenda, siéntase fabulosa; Empezando tu día bien; Termina bien tu día; Adicción a la aprobación; Cómo oír a Dios; Belleza en lugar de cenizas; y El campo de batalla de la mente.*

La pasión de Joyce por ayudar a las personas que sufren es fundamental para la visión de Hand of Hope (Manos de esperanza), el brazo misionero de Joyce Meyer Ministries. Hand of Hope realiza esfuerzos de alcance humanitario en todo el mundo como programas de alimentación, cuidado médico, orfanatos, respuesta a catástrofes, intervención y rehabilitación en el tráfico de seres humanos, y mucho más, compartiendo siempre el amor y el evangelio de Cristo.

DIRECCIONES DE LAS OFICINAS EN E.U.A. Y EL
EXTRANJERO

Joyce Meyer Ministries
P.O. Box 655
Fenton, MO 63026 USA
(636) 349-0303

Joyce Meyer Ministries—Canadá
P.O. Box 7700
Vancouver, BC V6B 4E2
Canada
(800) 868-1002

Joyce Meyer Ministries—Australia
Locked Bag 77
Mansfield Delivery Centre
Queensland 4122
Australia
(07) 3349 1200

Joyce Meyer Ministries—Inglaterra
P.O. Box 1549
Windsor SL4 1GT
United Kingdom
01753 831102

Joyce Meyer Ministries—África del Sur
P.O. Box 5
Cape Town 8000
South Africa
(27) 21-701-1056

* Guía de estudio disponible para este título